Comenius com a idade de 74 anos
(Segundo gravura de Christiaan Hagens, 1665)

O ÚNICO NECESSÁRIO

UNUM NECESSARIUM

JAN AMOS COMENIUS

Pentagrama publicações

2020

O único necessário

Autor: Jan Amos Comenius

Traduzido do espanhol

Tradução: Maud Molder
Capa: Monica Jackson
Diagramação: Fabio Gil
Revisão: Márcia Moraes e Neusa Soliz

Pentagrama Publicações

Lectorium Rosicrucianum

Endereço: Avenida Vereador João Pedro Ferraz, 605
Bairro: Bom Retiro, CEP 13.240-000 – Jarinu – SP
Tel: (11) 4016-1817

Pedidos: livros@pentagrama.org.br

2015 - 1ª impressão
2020 - 2ª impressão

Dados Internacionais de Catalogação na Publicação (CIP)

(Câmara Brasileira do Livro, SP, Brasil)

Comenius, Jan Amos, 1592 – 1670
O único necessário por Jan Amos Comenius;

Tradução: Maud Molder
Jarinu, SP, Pentagrama Publicações, 2020 (2ª ed.)

Título original: Unum Necessarium.

ISBN: 978-85-67992-15-0

1. Deus (Cristianismo) - Adoração e amor
2. Fé - Obras anteriores a 1800
3. Vida cristã I. Título.

15-01887 CDD-248.4

Índices para catálogo sistemático:
1. Vida espiritual: Cristianismo 248.4

Sumário

Prefácio

Entre os filósofos e teólogos certamente há nomes mencionados com maior frequência que o de Jan Amos Comenius. No entanto, poucos obtiveram o respeito que angariou Comenius por seus esforços em prol da unidade e da concórdia. Poucos tiveram um caráter tão puro, um destino tão comovente; poucos também foram aqueles cuja atuação e cujas obras resistiram, como as dele, à ação do tempo.

Comenius ou Comênio – nomes latinizados pelos quais o sábio tcheco Jan Amos Komenský também é conhecido – pouco escreveu sobre si: "sou morávio de nascimento, de idioma boêmio e teólogo de profissão"[1] – reza sua brevíssima autobiografia. Mas ele foi muito mais que isso: filósofo, educador e reformador é o mínimo que se pode acrescentar à sua biografia. Nasceu em uma aldeia da Morávia (atual República Checa) em 28 de março de 1592, e faleceu em Amsterdã em 15 de novembro de 1670.

Estava com 76 anos e no auge do prestígio adquirido graças às suas obras e a uma vida íntegra, quando escreveu, dois anos antes de sua morte, *O único necessário* – livro que é seu testamento literário, por legar à posteridade um grande tesouro espiritual: o conhecimento do que é essencial.

Como se adquire tal sabedoria? Comenius enfrentou o exílio, tragédias e provações que o levaram a percorrer vários países europeus. Isso não o impediu, contudo, de cumprir sua

[1] http://de.wikipedia.org/wiki/Johann_Amos_Comenius - em alemão.

missão de servir a Deus e à humanidade. Não se pode dissociar alguém de sua experiência de vida, mas a sabedoria deste livro brota, mais que tudo, do coração, da fé inquebrantável no divino que reside no próprio homem. Quem estabelece a ligação com o divino tem a base de tudo, o imprescindível.

O Renascimento conhecia a expressão *homo universalis*, o homem universal, versado em várias áreas do conhecimento e que procurava desenvolver suas capacidades. No século XVII, outro conceito influenciou o pensamento filosófico e religioso: o da *pansophia* ou sabedoria universal (pan= todo, universal; sophia=sabedoria). A pansofia, conceito cunhado por Jan A. Comenius, considera que o cosmo, a terra, a natureza e o homem constituem um todo integral e vivente, no qual tudo se relaciona de forma multidimensional. O *homo universalis* é o homem consciente dessa totalidade, não apenas por meio de seus conhecimentos enciclopédicos, mas sobretudo por uma visão própria, adquirida pela vivência.

Nessa visão de mundo, o intelecto é visto apenas como uma parte do ser humano necessária para a aquisição de conhecimentos. Somente quando a razão se une à intuição, a uma profunda compreensão e à sabedoria, pode-se falar de um ser humano que é mais do que um agregado de suas funções. Comenius sabia, por experiência própria, que o ser humano é muito mais do que sua mente e o pensamento dominado pelos órgãos sensoriais. Em sua filosofia e em sua obra confluem os dois conceitos de *homo universalis* e *pansophia*.[2]

Comenius cresceu em meio à Igreja dos Irmãos da Boêmia-Morávia, uma igreja protestante livre que gozava de liberdade religiosa garantida pelo Imperador Rodolfo II, o que tinha muito valor, às vésperas da Guerra dos Trinta

[2] Introdução da Editora Rozekruis Pers à edição alemã de *O único necessário* (*Das einzig Notwendige*), Rozekruis Pers, Haarlem, Países Baixos, 1998.

Anos, na qual se confrontariam as forças da Reforma e da Contrarreforma.

O escritor e teólogo alemão J. Gottfried Herder, um expoente do Renascimento, nutria grande respeito pela Igreja dos Irmãos morávios, que já existia de forma independente muito antes da Reforma de Lutero: "Desconheço qualquer outra comunidade que tanto tenha se empenhado por seu idioma, por ordem e disciplina em seus costumes e sua vida doméstica, pelo ensinamento e esclarecimento do que é necessário e útil, e que, ao mesmo tempo, tanto tenha sofrido por isso. No período do mais duro e sombrio despotismo religioso na Itália, França, Inglaterra, Holanda e Alemanha, dela partia uma centelha que se alastrou como um fogo, despertando os que foram chamados de muitos nomes: albigenses, valdenses, lolardos etc..."[3]

Segundo Ludwig Keller, editor do *O único necessário* de Comenius em alemão, a comunidade a que Comenius pertenceu e também encontrou adeptos na Suíça, França, Alemanha, Polônia e Inglaterra, era mais próxima do cristianismo original do que as outras duas formas que o cristianismo assumiu, as igrejas católica-romana e protestante-luterana.

Tais comunidades eram constituídas por uma livre aliança de irmãos. A liberdade de consciência era um de seus princípios fundamentais; a autoadministração, sua forma de organização. Elas cultuavam o Evangelho segundo João e admiravam a sabedoria platônico-socrática.[4]

---

[3] Johann Gottfried Herder (25.8.1744 – 18.12.1803), filósofo e escritor alemão, em *Christliche Schriften* (Escritos Cristãos, 1796). Kessinger Legacy Reprints, 2010.

[4] Ludwig Keller, filólogo alemão e historiador das religiões (28.3.1849 – 9.3.1915), Prefácio do Editor, "*Comenius, sein Leben und sein Werk*", idem, *Das einzig Notwendige*.

A VIDA

Comenius foi educado por parentes, após a morte dos pais e das irmãs, tendo estudado nas universidades alemãs de Heidelberg e Herborn, numa época de relativa estabilidade. Mas a situação política logo mudaria decisivamente, quando a dinastia dos Hohenzoller – que concedera proteção à Igreja da Boêmia-Morávia – perde a Batalha de Monte Branco, em novembro de 1620. A comunidade de Comenius é uma das primeiras vítimas da nova correlação de forças favorável ao catolicismo. A cidade de Fulnek, para onde regressara após os estudos, e onde trabalhava como sacerdote e professor, é queimada. Comenius perde todas as suas posses e, depois, também a esposa e duas filhas, dizimadas pela peste.

A seguir, inicia sua peregrinação, ao engrossar a multidão de irmãos que perambulam em busca de refúgio. Suas viagens levam a permanências temporárias em Görlitz, Berlim e na Holanda. Após uma tentativa de retorno à Morávia, vê-se obrigado a deixar sua terra definitivamente. Entretanto, casara-se novamente, constituindo família. Em 1628, com a ajuda de amigos, consegue fixar-se em Lissa, na Polônia, cidade que proporcionou asilo a muitos membros de sua comunidade. Em um bairro próprio, edificaram uma escola que seguia seu próprio sistema educacional, onde Comenius exerceu o magistério, assumindo posteriormente a direção da escola superior, que logo ganhou renome.

Durante esse período muito produtivo de sua vida, do ponto de vista literário, J. Amos Comenius conquista o respeito de muitos filósofos e intelectuais na Europa e até na América do Norte. Atendendo a convites, viaja à Inglaterra (1641–1642), onde apresenta suas ideias sobre a pansofia. Diante da agitação política e o início da guerra civil, decide aceitar o convite de um mecenas, o comerciante holandês,

Louis de Geer, que vivia na Suécia. Ali, os contatos com altos escalões do governo possibilitaram seu trabalho na reforma do sistema de ensino. Os governantes suecos, contudo, nada conseguem obter em prol dos irmãos da Morávia, durante as negociações da chamada Paz de Vestfália, e as suas regiões voltam a ser controladas pelos Habsburgos católicos. Frustradas essas expectativas, Comenius regressa à Polônia, onde é nomeado bispo em Lissa, em 1648. Novo golpe pessoal o atinge aos 58 anos, quando perde a segunda esposa, com quem tivera quatro filhos.

Segue para a Hungria, onde também participa de uma reforma do ensino. Sua expectativa era de que o príncipe da Hungria pudesse intervir em favor do seu povo – o que acaba não acontecendo. É quando aceita o convite do filho de L. de Geer para fixar-se na Holanda, tendo em vista o grande interesse demonstrado ali por sua obra. Aos 64 anos chega a Amsterdã, cidade que ele chama de "a arca dos refugiados". Logo recebe notícias de que em Lissa muitos dos seus manuscritos haviam sido destruídos em consequência da devastação da cidade. Comenius, porém, não esmorece, alcança grande profundidade espiritual e produz numerosas obras na cidade que tão bem o acolheu.

A obra

Na pedagogia, Comenius era partidário de "ensinar tudo a todos", como expressou na *Didática magna*, obra que marcou o início de uma das principais disciplinas pedagógicas. Criou e difundiu o ensino pré-escolar, estimulou o estudo das línguas nacionais – numa época em que o ensino era em latim.[5]

---

[5] Jan Amos Comenius! In: Pentagrama. São Paulo: Lectorium Rosicrucianum, Ano 14, n. 5, 1992.

Considerava muito importante o estudo dos idiomas, tema ao qual dedicou entre outros escritos, *Janua linguarum reserata* (A porta aberta das línguas, 1631). Introduziu métodos modernos, utilizando a leitura de obras clássicas, comparando as mesmas passagens na língua local, ao invés da simples memorização de regras gramaticais. Ao que tudo indica, seu *Orbis pictus* (Mundo visível em desenhos, 1658), livro destinado ao ensino do latim, foi o primeiro livro ilustrado para crianças.

Toda a atuação exterior de Comenius corresponde a uma necessidade interior de proporcionar à humanidade os princípios que permitem percorrer o mesmo caminho de luz que ele seguira. Por isso, a maior parte de sua produção foi voltada à elaboração de regras para encontrar em si mesmo *o único necessário*, a fim de seguir a senda que conduz à luz divina, como descrito em sua obra *Via Lucis* (O Caminho da Luz, 1668).

Nesse livro, que é uma de suas últimas obras, Comenius lança as bases do *Collegium Universale* ou *Collegium Lucis* (colégio universal ou colégio da luz), cuja missão consistia em uma reforma geral dos conhecimentos e a fundação de uma comunidade fraterna universal. Esse *Collegium Universale* fazia parte, segundo Comenius, do plano da providência divina e nada é mais era do que a continuação do anseio de reforma da Fraternidade da Rosa-Cruz.[6] Ainda jovem, Comenius encontrou uma fonte de inspiração nos manifestos publicados entre 1614 (*Fama Fraternitatis* – O Chamado da Fraternidade da Rosa-Cruz) e 1616 e, posteriormente, entrou em contato com Johann Valentin Andreæ, que é considerado um dos autores dos manifestos.

Em *O caminho da luz*, o sábio checo fala da ação da

[6] Artigo "Via Lucis, sob o signo da Rosa-Cruz", Dr. Carlos Gilly, Revista Pentagrama, ibid.

força-luz universal, composta de três partes. A primeira é o Livro de Deus, que trata da manifestação da luz suprema. A segunda é o Livro da Natureza, que trata da natureza viva, onde a luz divina se revela em sua criação e assim se manifesta visivelmente. E a terceira explica o mistério do *minutus mundus*, o pequeno mundo ou microcosmo, onde o homem deve chegar ao conhecimento de si mesmo e, por meio dele, a uma visão direta da natureza viva, o que lhe permitiria estabelecer uma união com a origem da vida, com o próprio criador.[7]

Ao estabelecer a relação Deus-cosmo-homem, Comenius deu continuidade, em sua época, à tradição da filosofia hermética, que tem sua origem no *Corpus Hermeticum*, atribuído a Hermes Trismegisto. Esse escrito surgiu entre os séculos II e III da era cristã, numa escola iniciática hermética de Alexandria, no Egito.

Em *O único necessário* Comenius retoma uma temática que abordara em *O labirinto do mundo e o Paraíso do coração* (1631), levando-a mais adiante. Em ambos os livros, o mundo é descrito como um grande labirinto composto de labirintos menores, com caminhos tortuosos e repleto de armadilhas – as ilusões, que confundem mais ainda quem já está perdido. O homem que reconhece que o mundo é um labirinto e busca a verdade e a libertação já demonstra algum discernimento e compreensão. Ele percebe o vazio das ações e dos gestos dos homens, os defeitos do sistema social, a exterioridade da vida religiosa, a duplicidade da política e das relações humanas; conscientiza-se da crueldade, da violência e da desordem que há por toda parte.

Embora escrita no século XVII e na linguagem da época, a descrição do mundo não difere muito de como ele é

[7] Artigo "Patriarca da Luz", ibid.

atualmente, revelando-se atemporal.[8] O buscador da verdade deverá perambular por esse labirinto até amadurecer o suficiente para realizar a grande transformação interior. A saída está no centro do labirinto, no coração. "Volta para o lugar de onde vieste, para a casa de teu coração, e fecha a porta atrás de ti" – escreve Comenius nesse livro. Em seu coração, o homem encontra a si mesmo, segundo seu estado de ser verdadeiro. Penetrar nos mistérios do coração significa unificar-se com o espírito divino. O mistério fundamental da existência humana, o objetivo, a tarefa e o sentido da vida na Terra são apontados nesse livro. Somente no centro de seu ser mais profundo o homem pode realmente ver, reconhecer o fundamento de toda a existência e despertar para a *pansofia*, a sabedoria universal.

Comenius proclama a todos que existe apenas uma coisa necessária: a religião interior, que finalmente conduzirá à unidade de tudo e de todos. Essa é também a tônica de *O único necessário*. Esse livro é, por assim dizer, um último apelo a um mundo que naufraga em meio à multiplicidade e à desunião, para que aprenda a distinguir, em tudo, o que é realmente necessário, deixando de lado o supérfluo. E o grande educador Comenius vai puxando o fio de Ariadne através dos labirintos criados pelo homem até apontar-lhe a saída: para chegar à essência da vida é preciso voltar-se para a centelha da luz eterna presente no próprio homem. E, no caminho até ela, abandonar o que não importa, o inútil, tudo o que confunde e bloqueia o caminho interior para Deus.

O encerramento do livro traz a sabedoria de toda uma vida e, ao mesmo tempo, é a última pastoral do bispo

---

[8] Artigo "*Comenius na Atualidade*", ibid.

Comenius à humanidade. "Na linguagem simples do coração, ele convida as pessoas, do alto de sua posição conquistada através de muitas experiências, a abandonar tudo o que é supérfluo e ficar apenas com o que é importante e essencial para o real valor do ser humano" – como escreve L. Keller.[9] É ainda uma das páginas mais belas e profundas da literatura espiritual:

Não vos sobrecarregueis com coisas de que não precisais realmente para viver; contentai-vos com o pouco que é útil para vossa comodidade e louvai a Deus. Caso vos falte toda a comodidade, sabei contentar-vos então com o estritamente necessário. Se fordes privados até disso, tratai de manter-vos. Se isto também não for possível, abandonai a vós mesmos, mas cuidai para não perder a Deus. Quem possui a Deus pode prescindir de tudo. Porque ao manter-se em Deus, ele possui o bem supremo e a vida eterna para todo o sempre. Isso é tudo o que se pode desejar, o objetivo e o fim.

Os Editores

---

9 L. Keller. ibid.

UNUM
NECESSARIUM,

Scire qvid ſibi ſit neceſſa-
rium, in Vita & Morte, &
poſt Mortem.

Qvod Non-neceſſariis Mundi
fatigatus, & ad Unum Neceſſarium
ſeſe recipiens, ſenex

J. A. COMENIUS
Anno ætatis ſuæ 77
Mundo expendendum offer t.

Terentius.
Ad omnia ætate ſapimus rectiùs,

AMSTERODAMI,

Apud CHRISTOPHORUM CUNRADUM,
M. DC. LXVIII.

Frontispício da primeira edição, Amsterdã, 1668

O ÚNICO NECESSÁRIO,

é saber

O QUE O SER HUMANO PRECISA

O que o ancião

J. A. COMENIUS,

CANSADO DAS VAIDADES DO MUNDO
E ANSIANDO PELO ÚNICO NECESSÁRIO
APRESENTA AO MUNDO PARA REFLEXÃO,
aos 77 anos de idade

Terêncio
Entendemos tudo melhor,
quanto mais velhos nos tornamos.

Platão
Todo conhecimento é mais prejudicial do que útil,
quando falta o conhecimento do Bem.

Demócrito
A falta de conhecimento do Bem
é a causa do pecado.

Deus (Oseias 4:6)
O meu povo está sendo destruído,
porque lhe falta o conhecimento.

Cristo (Lucas 10:42)
E Maria escolheu a boa parte,
a qual não lhe será tirada.

Para meu nobre Príncipe e Senhor
SENHOR ROPERTO
Conde do Palatinado do Reno

Sereníssimo Príncipe

Eis o conselho que Varrão[1] dava ao chefe de família prudente, ou a qualquer um que fosse ao mercado, embora isso não fosse cumprido por ninguém: "Não compres o que queres, mas sim o que realmente é necessário". O mundo inteiro é um mercado cheio das mais variadas coisas, como também de vendedores, compradores e curiosos; mas pouquíssimos entre eles sabem distinguir verdadeiramente o necessário do desnecessário. O bom e o mau, o necessário e o supérfluo, o proveitoso e o prejudicial, o precioso e o sem valor são expostos misturados indistintamente, apregoados, vendidos e comprados. O mais surpreendente e lamentável é que são levadas ao mercado mais coisas dispensáveis do que necessárias, mais prejudiciais do que úteis, mais coisas más do que boas, e elas são elogiadas, vendidas e compradas. Daí vem o ditado "o mundo quer ser enganado",[2] pois, verdadeiramente, o mundo todo está cheio de fraude e má fé. Até o mais sábio dos mortais, Salomão, foi vítima de mentiras e ilusões, caiu na vaidade e futilidade que elas lhe sugeriam, para depois arrepender-se amargamente de sua insensatez. Visto que

[1] Marco Terêncio Varrão, 116–27? a.C., filósofo e escritor romano.

[2] *Mundus vult decipi.*

há pouco tive a oportunidade, já na velhice, de meditar sobre esse tema, pareceu-me oportuno escrever algo que espero ser útil, em primeiro lugar para mim mesmo, que, como ancião, vejo o final de minha vida, com o propósito de superar mais facilmente a futilidade das coisas, assim como minhas últimas horas. E também para os que ainda se encontram enredados nas coisas secundárias deste mundo, mas não desprezam palavras de advertência. Talvez também sejam úteis para vós, Príncipe magnânimo. Porque não sois mais afortunado do que Sansão, Davi, Salomão ou outros varões de espírito elevado, que se viram arrebatados pelo turbilhão dos assuntos mundanos, arrastados pelo redemoinho das coisas desnecessárias e deles somente conseguiram salvar-se com grande esforço.

Certamente possuís em vós impulsos para virtudes heroicas que provêm da casa paterna, da estirpe, do nome, dos variados acontecimentos de vossa vida, ou do destino que vos aceitou em sua escola. E, não obstante, como é fácil surgir um obstáculo até para um corredor que está prestes a alcançar a meta!

Ó, Roperto, descendente de reis, mais ainda, descendente de imperadores! Para vós, que já alcançastes tal idade e acumulastes experiências de vida, não cabe nada comum e, muito menos, frívolo. Somente o que seja excelso é digno de vossos antepassados. Dentre eles está aquele cujo nome levais, Roperto, Príncipe Eleitor do Palatinado, eleito imperador romano em 1400, e que sabiamente governou a Alemanha durante dez anos. Ao assumir o poder, encontrou um país dilacerado pelas disputas. Devolveu-lhe a paz, e por essa façanha tão digna de louvor recebeu, por parte dos historiadores, o título de Príncipe Sábio e Magnânimo. Como Salomão, ele esteve plenamente à altura de seu nome. Assim como Salomão significa "pacificador", também Roperto significa "restaurador da paz". Algo parecido também ocorre com o nome do rei, vosso pai, que é o mesmo de vosso bisavô, Frederico, pois Friedrich vem de Friedensreich, que quer dizer "pleno de paz", e traz à memória os tempos pacíficos de Salomão.

Entretanto, a época na qual viveu vosso pai não era de paz. O flagelo da guerra alastrara-se pela Boêmia, Alemanha e Europa. Por isso, o destino mostrou unicamente o personagem à terra, adiando para outros tempos a obra pacificadora indicada pelo nome em si.

Oxalá nos seja concedido ver finalmente, após tantas tormentas e tempestades, esses tempos de paz! Oxalá nos seja concedido cooperar em sua restauração! Isso seria uma realidade, se os cristãos de todas as confissões, por uma conversão geral, quisessem aplacar a ira de Deus, justificadamente inflamada por seus próprios pecados; se os monarcas, com as armas depostas, quisessem adotar resoluções de paz; se os súditos quisessem servir a Deus e a seus soberanos com maior fidelidade; se todos, colocando de lado as ninharias, quisessem ocupar-se das coisas sérias da vida e, ao invés de dedicar o tempo a ocupações extremamente frívolas, o consagrassem às que são necessárias para a salvação de sua alma.

Sereníssimo Príncipe, ainda há profecias que os astrólogos fizeram, relativas ao vosso nascimento, ao vosso nome de batismo, Roperto, e também à vossa coroação, com base na posição favorável dos astros. Poetas também escreveram canções sobre vós, e todos vos previram um futuro feliz. Entretanto, o poder sobre os astros e o destino está nas mãos de Deus, que fez o céu e a terra e dirige tudo, sábia e poderosamente, para o objetivo que designou.

Tomei a liberdade de mostrar, nesta pequena obra, o que é mais necessário a qualquer mortal para atravessar com prudência esta vida efêmera, guiado por um entendimento saudável e pela palavra divina. Lede este escrito de um ancião, vós que sois o melhor dos príncipes, e que também já superastes a barreira das demonstrações de entusiasmo juvenis! Porque também já estais disposto a deixar para trás os labirintos do mundo, a não mover as pedras de Sísifo e a trocar os prazeres ilusórios de Tântalo pelos verdadeiros, que levam à verdadeira satisfação.

Pedirei a Deus que, tendo começado solenemente a prática do único necessário neste ano que já iniciamos, e neste mesmo reino onde o destino benévolo vos colocou, comece a concretizar-se a pacificação autêntica do universo cristão com vossa piedosa, sábia e heroica cooperação. Amém!

De minha biblioteca,
em Amsterdã, 1º de março de 1668.

Um ancião,
desejando devotamente,
em minha ancianidade, a mais autêntica felicidade
a Vossa Alteza Sereníssima,

J. A. Comênio
da Morávia

Capítulo I

O mundo inteiro está sobrecarregado de coisas supérfluas, esgotado pelas dificuldades, frustrado em seus intentos, como inúmeros exemplos demonstram.

1. Criado à imagem de Deus e feito senhor de todas as coisas, o homem pode ocupar-se delas de maneira tríplice. Em primeiro lugar, ele as observa, para conhecer em que consiste cada uma. Em segundo lugar, realiza algumas experiências com elas, a fim de torná-las, de uma ou outra maneira, aptas para seu uso. Em terceiro lugar, utiliza-as, desfruta delas para sua satisfação. Assim se expressa o próprio relato da criação: "E plantou o Senhor Deus um jardim no Éden [...] e pôs nele o homem" (Gn 2:8) "para o cultivar e o guardar" (Gn 2:15) e colocou diante dele todos os seres vivos que havia criado para que, observando-os, lhes desse um nome (Gn 2:19). Daí se deduz que a felicidade do homem reside na clara luz da razão, para perceber corretamente as diferentes características das coisas; na ordem certa de suas ações, a fim de produzir obras duradouras; e em desfrutar os bens com segurança, para autêntica satisfação e paz de espírito.

2. Consequentemente, tríplice é também a infelicidade humana. Em primeiro lugar, a razão não está livre da ilusão, do erro e da perturbação. Em segundo lugar, a ação às vezes é permeada de dúvidas, errônea ou inconstante. Em terceiro lugar, o prazer com frequência é ilusório, traz desengano e a constante e penosa renovação da fome e da sede pelos objetos desejados. Essas três coisas (erros da mente, falhas da ação e

insatisfação dos desejos) lamentavelmente acompanham todo o gênero humano desde Adão, o pai de nossa estirpe. Porque o primeiro homem abusou da liberdade de autodeterminação que lhe fora concedida, trocando o Paraíso pela Terra (amaldiçoada por causa do pecado), foi condenado a passar, de uma vida paradisíaca, a uma de trabalhos e suor, espinhos e cardos durante todos os dias de sua vida, até a morte (Gn 3:17–19). Esse é o motivo pelo qual todos nós, seus descendentes, sofremos esse castigo, advindo do pecado.

3. Tudo o que é humano e terrestre é transitório. Nosso trabalho muitas vezes é repleto de fadiga e vazio de frutos. Em vez dos prazeres da vida no Paraíso e da paz de espírito, o que há é dor e aflição de espírito. Esse é o teor das lamentações de muitos homens sábios e piedosos de todos os tempos. Os escritos de Salomão, o mais sábio dos mortais, estão repletos delas, e sua própria vida oferece muitos exemplos de erros, tribulações e arrependimentos. Salomão lamentava não ser capaz de encontrar "a obra que Deus fez desde o princípio até o fim" (Ec 3:11), nem ter podido encontrar, com suas investigações, alguma explicação racional para os fenômenos que acontecem debaixo do sol: ao contrário, quanto mais se esforçava em buscar, menos encontrava (Ec 8:17). Encontrou apenas isto: que, efetivamente, "Deus fez o homem reto", mas os homens perdem-se, enredando-se em infinitas questões (Ec 7:29). Queixava-se também de que o homem, com seus trabalhos, nada ganha além de fadiga, porque "o que é torto não se pode endireitar; aquilo que falta não se pode calcular" (Ec 1:15). E tendo observado as obras realizadas por suas mãos (sem dúvida extraordinárias, muito mais que as obras dos outros homens), concluiu que "tudo era vaidade e correr atrás do vento, e nenhum proveito havia debaixo do sol" (Ec 2:11). Consequentemente, trabalhara em vão e para o vento (Ec 5:16), pois não

basta a velocidade para ganhar uma corrida, nem a força para vencer um combate, nem a sabedoria para obter o pão, nem a prudência para enriquecer, nem a inteligência para obter um favor (Ec 9:11). Muitas vezes acontece justamente o contrário: os esforços produzem dano. Por exemplo, "quem arranca pedras será maltratado por elas, e o que racha lenha expõe-se ao perigo" (Ec 10:9). Por fim, Salomão reconheceu que nenhum prazer satisfaz (Ec 1:8) e que ele, ainda se permitindo desfrutar de todo tipo imaginável de prazeres e não negando nada aos seus desejos, descobriu, todavia, a futilidade de tudo o que existe debaixo do sol, a tal ponto que, enfastiado com a vida, reprovou tudo o que fizera (Ec 2:1, 6–8, 10, 17), considerando mais afortunado aquele que ainda não nasceu e "não viu as más obras que se fazem debaixo do sol" (Ec 4:3), ou os abortados (Ec 6:3). Quem quiser buscar semelhantes lamentações poderá encontrá-las por toda a Sagrada Escritura.

4. Os sábios gregos tinham o mesmo em mente, ao apresentar seus ensinamentos aos homens de seu tempo, sob a forma de fábulas, de modo tão verdadeiro como espirituoso. Os mitos do labirinto, de Sísifo e do suplício de Tântalo têm o mesmo significado. Para que o tema fique claro, para que compreendamos melhor nossos males e tomemos o remédio com maior facilidade, vamos deter-nos um pouco nesses mitos, e analisá-los.

5. Esta é a lenda do labirinto: Minos, poderoso rei de Creta, era casado com Pasífae, mulher de sensualidade desenfreada. De sua ligação adúltera com um touro, ela deu à luz um monstro, metade homem metade touro, que foi chamado Minotauro. Por isso, o rei mandou um artífice engenhoso, Dédalo, edificar o labirinto, uma construção intrincada com incontáveis bifurcações, salões, corredores, escadas ascendentes e descendentes.

Assim, quem ali entrava se perdia e nunca encontrava a saída. Uma vez encerrado ali aquele filho bastardo, também foram mandados para o labirinto outros malvados condenados à morte, para serem devorados pelo monstro ou para morrerem de fome. Apenas Teseu, filho do rei de Atenas, conseguiu encontrar a saída, graças à compaixão de Ariadne, a filha do rei Minos, que, aconselhada por Dédalo, dera-lhe um novelo de linha para ajudá-lo a não se perder.

6. Segundo os mitólogos, trata-se de uma alegoria sobre a vida dos homens, tão confusa e cheia de dificuldades insuperáveis, que nenhum mortal é capaz de libertar-se delas, exceto aquele a quem Deus instrui com sua sabedoria. Mais luz penetra nesta história misteriosa, porém, quando se entende que o personagem de Minos representa o rei do universo, Deus, e Pasífae representa a imagem a ele associada, isto é, o ser humano. Depois que o touro infernal, Satanás, seduziu Pasífae, induzindo-a ao adultério, ela deu à luz ao monstruoso Minotauro, isto é, a sabedoria humana, uma sabedoria que é produto da fusão entre a semente divina e a satânica. Em seu aspecto superior ela manifesta algo certamente belo e celeste, semelhante ao divino, mas, em seu aspecto inferior, algo terreno e disforme, na realidade a imagem do diabo (de fato, quisemos ser deuses, mas na forma diabólica: semelhantes a Deus na posse da onisciência, iguais ao diabo na ruptura da obediência). Por conseguinte, o rei do universo, para castigar-nos, converteu o cenário de sua sabedoria em um labirinto, este mundo criado para nós. Lançados nele, vagamos todos de um lado para outro, sem cessar, conforme o testemunho de Salomão e de todos os sábios, e de nossa triste e contínua experiência. Com efeito, o mundo inteiro é um grande labirinto, que encerra em si inúmeros outros menores, de modo que não há um mortal sequer que não percorra algum deles

ou até vários labirintos ao mesmo tempo. Se fosse possível ver a mente humana por dentro, veríamos as sinuosidades extremamente retorcidas e as enormes voltas dos pensamentos e fantasias; se observássemos as línguas dos povos, perceberíamos um caos infinito de sons e conceitos muito confusos; e se olhássemos para as tarefas com que se ocupam os homens sob o céu, isso nos lembraria um formigueiro. Nossos olhos veriam um confuso ir e vir, para cima e para baixo, para frente e para trás, à direita e à esquerda. E, de fato, se para o sapientíssimo Salomão, de reinado tão glorioso, suas atividades pareceram-lhe um labirinto – como ele admitiu, lamentando-se dolorosamente tantas vezes, e de múltiplas maneiras o experimentaram seus descendentes – que monarca, príncipe ou líder, e especialmente que indivíduo simples ousaria dizer-se livre dos eternos erros e fadigas?

7. E o que aconteceu com Sísifo? Dizem que, devido à sua audácia de desafiar os deuses, foi por eles castigado da seguinte maneira: deveria, no inferno, empurrar uma grande pedra até o cume de uma montanha. Ao chegar lá, ela rolava para baixo, e, com um novo esforço, Sísifo tinha de empurrá-la outra vez para cima, o que se repetia interminavelmente. O que isso significa? Que esta é uma fábula sobre nós mesmos, embora os nomes sejam diferentes. Reconhecemos, efetivamente, que os homens se esforçam e extenuam, realizando trabalhos cansativos e difíceis, que parecem não ter fim. Mal concluem um trabalho, já outro se inicia. Não é verdade que o sol se põe para nascer no dia seguinte? Que os rios desembocam no mar, de onde suas águas evaporam para depois buscar novamente sua origem? Não é do mesmo modo que os mortais também se deitam e descansam, só para levantar-se no dia seguinte e trabalhar? A cada ano o lavrador ceifa seu campo, mas também a cada ano ele se vê diante da necessidade de semear.

E assim acontece com tudo. Muitas vezes, quando pensamos haver concluído com sucesso um trabalho, logo depois vemo-nos privados dos seus frutos, seja porque surge alguém e destrói o que construímos, seja porque nós mesmos, descontentes com nossa obra, realizamos outra, diferente. Ou então porque a própria obra se esgota por si mesma, ou desaba, tornando necessária a construção de uma nova. Quantos litígios, discórdias e guerras, que pareciam solucionados, acabam por transformar-se em novas discórdias e guerras? Obras de renome mundial, inauguradas com êxito estrondoso, e abandonadas pouco tempo depois, dão testemunho disso. Onde estão agora os reinos fundados por heróis e homens notáveis por toda a eternidade, e que pareciam haver atingido estabilidade? Desapareceram, e mal há quem se lembre deles. Somos todos como Sísifo! Todos os nossos trabalhos são pedras de Sísifo!

8. Finalmente, conta-se que Tântalo, pelo pecado da gula (ou por ser linguarudo, segundo outras versões) foi condenado a sofrer eternamente de fome e sede, pois, ainda que estivesse entre árvores de frutos muito saborosos e tivesse junto aos lábios água cristalina, não era capaz de alcançar nem uma coisa nem outra, pois tudo se lhe afastava da boca. Daí os versos de Ovídio:

Em vão busca Tântalo a água nas águas
e inutilmente trata de colher os frutos que lhe fogem:
isso foi o que lhe atraiu a boca desenfreada.

Novamente estamos diante de uma autêntica imagem do destino dos mortais! Quem aspira com muita avidez por riquezas, honrarias, prazeres, ou outras coisas desejáveis na vida, sofre grande fome ou sede, porque prazeres e desejos não conhecem saciedade. Come-se para comer de novo, bebe-se para continuar bebendo. Da mesma forma que o sarnento nunca para de se coçar, o voluptuoso nunca deixa de buscar prazer; o ambicioso, de ambicionar; o rico, de amealhar riquezas, pois todo desejo é insaciável e sofre fome de si mesmo. Assim como a terra nunca se farta de água, e o fogo nunca diz basta (como observa Salomão em Pv 30:16), assim também acontece quando o espírito do homem é tomado pelo desejo de todas essas coisas. Portanto, todos os voluptuosos, ambiciosos e ávidos sobre a face da terra são condenados a passar fome e sede eternamente, assim como Tântalo. Visto que todos somos atormentados pelos desejos, em maior ou menor medida, e ninguém os satisfaz nesta vida, todos somos, consequentemente, infelizes Tântalos.

9. Por outro lado, também podemos relacionar particularmente o labirinto com a vida atual; as pedras de Sísifo, com a morte; e o mito do banquete de Tântalo, com o estado reservado a cada um de nós após a morte. Porque, enquanto vivemos, cada um de nós tem verdadeiramente o seu labirinto, suas variadas atividades cansativas, que resultam uma da outra. No momento da morte, o fundamental é saber se o homem pode abandonar ou não o peso da sua consciência, para encontrar o repouso eterno. E o que esperar depois da morte? Ou a saciedade nas eternas alegrias do Paraíso de Deus, ou fome e sede eternas para os que foram excluídos do Paraíso. Ai de quem, até o final da vida, não se libertou dos labirintos do mundo! Ai de quem, na hora da morte, não soube abandonar o fardo de seus pecados! Ai de quem, após a morte, for condenado a acompanhar eternamente Tântalo em seu banquete!

10. Retornando às dificuldades da vida atual, afirmo que quem observar o ser humano em diferentes idades, em ambos os sexos, seja qual for sua posição ou classe social, não

encontraria nada além de labirintos, pedras e desejos constantemente frustrados. Os jovens têm seus próprios labirintos, assim como os velhos; nem homens, nem mulheres são poupados disso. Agricultores, artesãos, comerciantes, soldados, todos têm suas próprias fadigas. E quem não as tem ao longo da vida?

11. Filósofos e os que se dedicam a estudos eruditos pesquisam métodos para evitar os erros da mente humana e as dificuldades da vida. Mas o parco resultado de suas pesquisas evidencia-se em parte por seus próprios lamentos, em parte por suas disputas intermináveis e mundialmente conhecidas. Aristóteles rebatia as opiniões de todos os que haviam filosofado antes dele, na esperança de estabelecer uma filosofia sólida que sistematizasse todos os conhecimentos. Entretanto, até hoje faz adversários. Em nossa época outros também tentaram estruturar a realidade, cada um a seu modo: Patrício, Telésio, Campanella, Bacon, Descartes.[1] E o que se conseguiu, em relação ao que é essencial? As discussões prosseguem, e ninguém sagrou-se vencedor. É verdade que Descartes parece haver encontrado um caminho capaz de apontar uma saída para o interminável emaranhado dos labirintos. Ele propôs

---

1 Francisco Patrício (1529–1597), nascido na Croácia, filósofo e cientista, defensor de Platão e opositor de Aristóteles. Bernardino Telésio (1509–1588), pensador italiano, sistematizou o naturalismo da Renascença. Tomás ou Tomasso Campanella (1568–1639), filósofo italiano e monge dominicano. Ficou preso na Espanha por 27 anos, devido à sua posição teológica. Sua tentativa de organizar todo o conhecimento de forma enciclopédica aproxima-o de Comênio. Francis Bacon (1561–1626), filósofo e estadista inglês. Como cientista, foi precursor do empirismo. René Descartes (1596–1650), filósofo católico francês. Em sua filosofia, baseia-se na dúvida (e não na experiência, como Bacon). O pensamento é a única certeza. Comênio refutou o cartesianismo em sua obra *Cartesius cum sua naturali philosophica a mechanicis eversus*.

que se deixe de lado o preconceito de que se conhece a verdade, que se examine tudo de novo, e não se admita nada a não ser o que for comprovadamente verdadeiro e irrefutável. Isso lhe trouxe muitos aplausos. No entanto, como parece perigoso colocar em dúvida todas as coisas (divinas e humanas) e, além do mais, representaria um trabalho imenso reexaminar todas elas, muitos se queixam de que não se construiu nada, a não ser um novo labirinto. Um labirinto tão intrincado que nem o próprio Dédalo teria achado a saída, nem mesmo se contasse com o fio de Ariadne. Descartes, por exemplo, construiu um sistema do mundo corpóreo baseado em certos vórtices, cuja existência presumia. Mas não conseguiu provar seu início, nem o fim, nem a forma, seu número ou funcionamento. Afinal não se atreveu a afirmar que *é assim*, mas que assim *parece ser*. Explicou a constituição da matéria do mundo de acordo com sua maior ou menor densidade e porosidade. Ao fazê-lo, seguiu certa especulação metafísica, mas a realidade o contradiz, como o demonstraram diversas experiências realizadas sobre as propriedades dos elementos. Elementos artificiais de vários tipos também comprovam que a sua nova representação do mundo não passa de ilusão.

12. Considera-se a dialética a portadora das chaves da Filosofia e o guia da razão humana que se ocupa, sem cessar, ora de uma coisa, ora de outra. Ela é tão cultivada e celebrada que se chega a acreditar que sem ela não se pode entender corretamente coisa alguma, como se ela fosse o próprio fio de Ariadne, o único capaz de mostrar a saída dos labirintos da mente errante. No entanto, quem observa as bagatelas nas quais se perdem os praticantes da dialética e suas disputas sobre elas acharia ali tão somente um novo labirinto.

13. Quem poderia contar os labirintos dos astrônomos, dos geógrafos, dos historiadores, dos cronologistas, os da Medicina, da Química, da Alquimia etc.? Quem se dedica a essas ciências entra em emaranhados inextricáveis.

14. A política é a arte de governar as sociedades humanas; ela é assessorada pela jurisprudência. Sua finalidade é manter os assuntos humanos e a própria humanidade em ordem, paz e tranquilidade. No entanto, a forma como isso é feito pode ser acompanhada em qualquer foro, tribunal ou assembleia, que não são lugares tranquilos e estão sempre fervendo de rixas e disputas. Mais distúrbios ainda causam, infelizmente, as constantes guerras entre povos e países, por meio das quais o mundo se dilacera de forma espantosa.

15. A religião, vínculo de comunicação do espírito criado com o incriado, deveria proporcionar consolo diante de todas as complicações mundanas, e não apenas oferecer um porto seguro para abrigar das tempestades e turbulências das coisas terrenas, bem como conduzir até ele. Mas a religião cumpre esse papel? Ela própria converteu-se no labirinto mais complicado do mundo. Em primeiro lugar porque, em vez de uma só religião, há inúmeras, e cada uma delas, por sua vez, subdivide-se em outras tantas, com seus labirintos particulares. Esse fato é tão evidente, sobretudo para os políticos de mente aguçada, que a maioria das pessoas, suspeitando que nenhuma religião é verdadeira, declara todas como fábulas, abandonam o temor a Deus e o próprio Deus, caindo no ateísmo. Ali, buscam a luz, mas caem nas mesmas trevas; buscam a segurança, mas entorpecem sua consciência; buscam a vida, onde só há morte. Pobres de nós!

16. O paganismo foi uma autêntica fábula, delirante com sua

abundância de deuses e ídolos. Contudo, o judaísmo não deve ser considerado muito melhor. Não obstante tenha sua origem no Deus verdadeiro, criador de todos nós, ao corromper-se gradativamente, degenerou-se no farisaísmo (isto é, um caos de superstições); assim como a mescla de judaísmo e cristianismo: o maometismo, um tenebroso antro de erros.

17. Acredita-se que somente a religião cristã, sob a direção daquele que é "o caminho, e a verdade e a vida" (Jo 14:6), é o santo caminho de Sião prometido pelos profetas, tão direto que, seguindo-o, "até mesmo os loucos não errarão" (Is 35:8). Isso corresponde à verdade? Infelizmente não! Em todo o mundo praticamente não se encontra outro labirinto mais intrincado do que a religião cristã. A esse ponto chegamos. Ela é tão múltipla e variada, dividida em tantas seitas, pulverizada em milhares de questões sobre a fé, com igual número de opiniões sobre cada uma delas, sem falar nas disputas, que não há no mundo algo de igual complexidade. E o mais incrível é que justamente o cristianismo sirva de base, por causa das diferenças religiosas, a ódios tão exacerbados, disputas tão obstinadas, perseguições tão sangrentas, suplícios tão cruéis e guerras tão atrozes.

18. Parte dos cristãos acredita estar fora do labirinto e vangloria-se de que, estando todos subordinados à mesma liderança, não podem surgir facilmente as dissensões observadas por todo lado entre as seitas. Observando-se mais de perto as leis que regem essa concórdia, porém, ver-se-á um labirinto construído com muita arte e mestria, mas um labirinto afinal, e certamente mais extenso do que qualquer outro que tenha existido. Por isso, não deixa de ter razão o que disse um daqueles cristãos – seja em tom de brincadeira ou a sério: *O mais exasperante que podemos desejar ao nosso pior inimigo é que seja*

eleito papa. Isso, evidentemente, devido ao enorme volume de problemas da Igreja, à quantidade de pedras a empurrar e à vã esperança de alguma satisfação.

19. Existirá sob o sol algo livre de labirintos, das rochas de Sísifo ou dos tormentos de Tântalo? Nada até o dia de hoje, em parte alguma. Tão antigos quanto o mundo e eternos companheiros do gênero humano são estes três males: as divagações sem fim do intelecto, o esgotamento incessante e inútil das energias e, por assim dizer, a contínua frustração dos desejos. Não obstante, a humanidade angustiada sempre procura encontrar o fim disso, e deve buscá-lo com a ajuda de Deus, até encontrá-lo. Porque não foi implantado em vão no espírito humano (não apenas no de Salomão) esse anseio inato de atingir algo melhor, esse instinto permanente de escapar dos labirintos, de dominar as pedras, e alcançar finalmente o objeto de seus ardentes desejos. Ele é tão forte que nada o detém, a não ser a morte.

20. Se refletirmos sobre os pensamentos de todos os homens piedosos e sábios que viveram desde o princípio dos tempos, se pudéssemos ouvir suas palavras, ler seus escritos e examinar o que fizeram, perceberemos que tudo se resume em tentativas de achar a saída do labirinto, de acabar com algum trabalho penoso ou de finalmente desfrutar com tranquilidade os bens adquiridos. A grande massa humana nada faz além dessas três coisas, ainda que a maioria não compreenda o que faz. É certo que, conscientemente, ninguém quer ser iludido ou enganado, nem esgotar suas energias em vão, ou ver fraudadas suas aspirações. Ainda assim, todos têm, às vezes, a experiência de que sua consciência os enganou, que empregaram suas energias inutilmente, sem conseguir obter o que queriam. E, apesar de tudo, voltam-se novamente para seus desejos de

não errar com o intelecto, de encontrar repouso para seus grandes esforços, ou de alcançar, finalmente, o objeto almejado.

21. Se em nós, mortais, é inato o anseio por algo melhor e o contínuo esforço por alcançá-lo, por que, então, duvidamos de que um dia nossas tentativas tenham sucesso? Efetivamente, se Deus e a natureza nada fazem em vão – algo que os filósofos observaram e admitem como um axioma infalível – por que Deus teria decidido introduzir no coração humano desejos tão arraigados, se não quisesse que fossem satisfeitos em algum momento? Isso não faria sentido algum. Porque seria admitir que ou Deus desconheceria o nosso anseio e seus propósitos, ou não teria o poder, a compreensão ou a vontade de levar-nos ao nosso objetivo. Tudo isso é um contrassenso, a não ser que queiramos negar a glória divina da onipotência, da onisciência e da bondade absoluta. Não acreditamos que Deus, sendo imortal, possa fazer algo de que o homem é capaz, sendo mortal? Quando Dédalo, construtor dos caminhos emaranhados, soube indicar um artifício para alguém sair do labirinto, quis, assim, demonstrar sua habilidade em ambos os aspectos. Da mesma forma, como Deus – ao eliminar esses extravios intermináveis – não haveria de querer ou poder dar-nos um glorioso exemplo de sua eterna sabedoria? Se para Dédalo foi fácil colocar nas mãos de Teseu um meio simplíssimo de acabar com as voltas sem fim – um fio – muito mais fácil será para Deus dar um impulso vigoroso de um lado e, por outro, mostrar ao homem o caminho fácil de regresso à sua retidão e simplicidade originais. Pois Deus o criou reto e simples, mas ao entrar audaciosamente em labirintos inextricáveis, o homem neles se enredou (Ec 7:29). Um caminho, assim digo eu, que, percorrendo-o, qualquer homem pode encontrar a saída do perpétuo labirinto do mundo, com a mesma rapidez do herói Teseu.

E se Arquimedes,[2] um homem mortal, pôde mostrar ao rei Hierão[3] a arte de lançar ao mar, com uma só mão, um barco que aparentemente não poderia ser movido com a força de mil homens, pensaremos que nosso Deus desconhece a arte de imobilizar nossas rochas de Sísifo? Ou que ele carece de sabedoria, ou da vontade misericordiosa de reconduzir-nos a seu Paraíso, onde fluem torrentes de alegrias, e onde nos saciaremos no bem eterno? Longe de nós tal pensamento ímpio!

22. Especialmente porque Deus nunca deixou de alimentar essa esperança no gênero humano através dos séculos, por meio de promessas reiteradas e solenes. Quanto mais acreditarmos que o final dos tempos e o cumprimento de todas as promessas se aproximam, tanto mais nos convêm levantar a cabeça e procurar a saída de nossos labirintos. Para isso, porém, é preciso buscar com afinco o fio de Ariadne.

[2] Arquimedes (287–212 a.C.), nascido na Grécia. Um dos maiores matemáticos da Antiguidade, além de físico, engenheiro, inventor e astrônomo. Faleceu durante a conquista de Siracusa pelos romanos.

[3] Hierão II, rei de Siracusa, viveu no século III a.C.

Capítulo II

A causa das confusões no mundo é apenas uma: que, não distinguindo o necessário do desnecessário, os homens deixam de lado o necessário e, em vez disso, ocupam-se com o desnecessário, com ele complicam-se e enredam-se infinitamente.

1. O médico não pode ajudar o enfermo enquanto desconhecer a causa de sua enfermidade. Uma vez descoberta, porém, pode procurar o remédio mais facilmente, há maiores probabilidades de encontrá-lo e poderá aplicá-lo com maior segurança. Do mesmo modo, é inútil ter ideias sobre como afastar qualquer tipo de mal antes que sejam descobertas as raízes desse mal. Se quisermos encontrar os verdadeiros remédios, devemos investigar, portanto, as verdadeiras causas dos males que agora estamos considerando: as perpétuas divagações humanas, as incessantes fadigas, assim como as contínuas frustrações.

2. Afirmo, pois, que a causa principal é sempre e unicamente esta: que os homens não sabem distinguir "o precioso do vil" (como diz Deus, em Jr 15:19), isto é, ou não procuram, ou negam-se obstinadamente a distinguir o necessário do desnecessário, o útil do inútil e prejudicial. Como um rebanho, os homens não vão para onde devem ir, mas para onde todos vão. Assim, são incapazes de abandonar o que uma vez lhes agradou, seja isso algo bom ou mau.

3. Com relação a estes temas, é surpreendente que, na maioria dos mortais, haja uma união aberrante de elementos

contrários, isto é: a sagacidade com a estupidez, o desejo de conhecimento com a indiferença, a vontade com a falta de vontade. Do primeiro, disse Deus assim: "Deveras o meu povo está louco, já não me conhece; são filhos néscios, e não entendidos; são sábios para fazer o mal, mas não sabem fazer o bem" (Jr 4:22). Na certa porque, geralmente, estão muito interessados nos assuntos alheios, mas são negligentes com os seus. O mais assombroso é que têm interesse em trivialidades, que não contribuem em nada para a felicidade, mas mostram-se indiferentes às coisas mais importantes, das quais dependem a vida e a salvação; veem o cisco no olho alheio e preocupam-se em tirá-lo, mas não veem a trave no próprio olho. Tanto querer o bem como não querê-lo são becos sem saída. Todos afirmam querer o bem. E querem realmente fazer o bem, sentem um impulso a fazê-lo. Mas, ao perceber que alcançá-lo exige demasiado esforço, ou que a atividade tem uma conotação amarga, além do lado agradável, o querer, em pouco tempo, transforma-se em não querer. Disso resulta que o mundo está cheio de gente buscando a verdade e, entretanto, perde-se sem encontrá-la; de gente que trabalha com afinco e, entretanto, desperdiça suas energias em vão; de gente que acalenta bons desejos, mas que não os alcança ou, se os alcança, despreza-os com orgulho, porque não sabe desfrutar o que obteve. Em consequência, o mundo está cheio de gente que, vez por outra, está entediada. Alguns exemplos podem demonstrar esse fato.

4. No início, existia apenas Deus. O único Deus criou o mundo e colocou o homem para administrá-lo, dando-lhe apenas um mandamento: que se submetesse ao único criador, mas reinasse sobre todas as criaturas. A observância estrita dessa lei constituía para o homem a única coisa necessária. Se os pais da humanidade e seus descendentes a tivessem

observado, teríamos usufruído até hoje de um eterno paraíso. Mas, o que fizeram eles? Deveriam escolher entre o bem e o mal, entre a vida e a morte, escolha essa simbolizada pelas duas árvores. Eles deveriam ter ficado com o bem e a vida. Experimentar os contrários (em que consistem o bem e o mal, a vida e a morte) não era necessário nem útil e, por essa razão, foi proibido. Persuadidos por Satanás e levados pela própria curiosidade, porém, eles escolheram o segundo, voltando-se para a árvore proibida do conhecimento do bem e do mal. Esse primeiro e gravíssimo erro converteu-se para eles na raiz de todos os desvios e complicações subsequentes. Ao perceber sua nudez, enrubesceram imediatamente de vergonha, procuraram coberturas que não lhes serviriam para nada. Fugiram de Deus, a fonte de todo o bem, inventaram mentiras em vez de confessar sincera e humildemente seu erro, e assim foram acumulando culpas. Eis aí a teia de mentiras, o labirinto tão bem construído, ao qual o Dédalo infernal soube conduzi-los!

5. Deus os acolheu novamente na graça e consolou-os com a promessa de um futuro salvador. Então sacrificou um cordeiro em sua presença, preparando "a Adão e à sua mulher túnicas de peles, e os vestiu" (Gn 3:15–21, Ap 13:8). Desde então, nada foi tão necessário quanto confiar nas promessas de Deus e, em todos os sacrifícios, dirigir os olhos com fé para o libertador prometido. Mas seu filho primogênito, Caim, esquecendo-se da fé, o requisito necessário, esperava agradar a Deus somente com o trabalho realizado e oferecia seus sacrifícios sem fé (Gn 4:3-5; Hb 11:4). Assim, caiu em labirintos inextricáveis com toda a sua ímpia descendência, que continuou com seus erros e escolheu a vida animal, em vez da vida espiritual.

6. Para esses descendentes corrompidos, tantas vezes admoestados pelos patriarcas piedosos, especialmente por Noé,

durante 120 anos, para que regressassem ao bom caminho, apenas uma coisa era necessária: arrepender-se. Mas, depois de esperar em vão durante alguns séculos (1 Pd 3:20), a paciência de Deus, transformada em indignação, chamou as águas do mar e, derramando-as sobre a face da Terra, destruiu todos os ímpios, com exceção de oito almas.

7. Para Noé, seus filhos e as mulheres destes, salvos do dilúvio, o que poderia ser mais necessário, tendo como espelho a luxúria e a depravação do mundo anterior, destruído pelas águas, do que levar uma vida austera, séria e santa, fugindo de todo excesso, indolência e demais frivolidades da vida? Mas o que fizeram eles? O próprio Noé entregou-se ao vinho e, embriagado, quão indecorosamente se comportou! Que notável escândalo ofereceu aos filhos! Um deles, por sua vez, ao transformar a nudez do pai em ímpia diversão para si, foi merecedor de terrível maldição! Ela pesa até nossos dias sobre toda a descendência de Cam. Refiro-me aos povos africanos e americanos, que levam uma vida lastimável.

8. Mas esse não foi o fim dos trágicos descaminhos. Os descendentes de Noé multiplicaram-se, vendo-se diante da necessidade de separar-se uns dos outros e emigrar para diversas regiões do mundo. Antes, porém, tomaram a decisão completamente desnecessária de construir naquele lugar uma cidade e uma torre tão alta que tocasse o céu. E isso sem levar Deus em conta, com a finalidade de honrar o próprio nome (Gn 11:4) e com a obstinação de não desistir de seus planos (Gn 11:6). Diante de tamanha presunção e para deter essa loucura, o Senhor lançou-lhes uma perturbação na mente, confundiu-lhes a linguagem, de tal modo que foram obrigados a dispersar-se, sem entender uns aos outros. Essa foi a origem

da multiplicidade de línguas. Ela é um labirinto muito complicado para todos os habitantes da terra, no qual andamos todos nós, dando voltas com as maiores fadigas, já há quarenta séculos, sendo capazes de entender-nos somente com os poucos que vivem conosco em determinado lugar. Os demais, que vivem em qualquer outro lugar, uma multidão tão grande de povos, são mudos para nós, e nós para eles. Podemos apenas olhar-nos mutuamente e depois afastar-nos aborrecidos. Agostinho diz com razão: "Não há entre nós ninguém que não prefira conversar com o próprio cão do que com um homem cuja língua não compreenda". Ah! Complicado labirinto, dividido e fragmentado em mil vezes mil sinuosidades e bifurcações!

9. Essa infinidade de línguas deu origem a inúmeros povos e, logo, a numerosas religiões. Cada povo que vivia separadamente inventou seu próprio sistema de crenças, ritos e cerimônias de culto a seu deus. Estas utilizavam imagens e ídolos, que mais tarde começaram a ser objeto de adoração em lugar de Deus, e a ser honrados com nomes de deuses. Daí surgiu um panteão de inúmeras divindades, com suas mitologias fabulosas sobre amores e ódios, lutas e guerras dos deuses entre si. Em suma: o panteísmo multiforme e monstruoso e, no extremo oposto, o ateísmo, que é a negação ou depreciação dessas tolices.

10. Posteriormente surgiu outra aberração, o costume de enfurecer-se e guerrear uns contra os outros. A esses povos tão separados entre si, o único necessário, a concórdia, poderia haver prestado um grande serviço. Havendo concórdia, uma vez traçadas honestamente as respectivas fronteiras, cada qual poderia viver pacificamente em seu país. Contudo, eles sempre cultivaram novas discórdias, com o que substituíram o

labirinto único da confusão de línguas por milhares de outros pequenos labirintos.

Essa situação teve início com um descendente de Cam, Ninrode, que decidiu ficar na cidade de Babel, abandonada pelos demais, e concluir a gloriosa obra inacabada. Percebendo que necessitaria de muitas mãos para terminá-la, atraiu com lisonjas alguns dos que se dispersaram, coagiu outros, e começou a reunir uma multidão disposta a obedecer suas ordens. Por isso foi chamado de caçador de homens e, mais ainda, "poderoso caçador diante do Senhor" (Gn 10:9), porque, contrariando Deus, atreveu-se a fazer o que ninguém havia feito antes dele: atribuiu a si mesmo o domínio sobre o homem, domínio que antes havia sido dado ao homem somente sobre os peixes, as aves e os animais terrestres. Essa atitude deu lugar a contínuas lutas até hoje. Porque a natureza humana, relembrando sua liberdade original, não pode ser subjugada a não ser pela força, e busca sempre a libertação. Por outro lado, quem começou a ter gosto pelo poder sempre empregará todos os meios e recorrerá a mentiras e enganos para continuar a exercê-lo.

O despotismo é a origem das guerras entre os homens e de toda violência, fraudes e intrigas. E o que agradava antes apenas a Ninrode logo começou a agradar a muitos, de modo que já no tempo de Abrão, um século após Ninrode, tudo estava repleto de reis e reizinhos em guerra uns contra os outros (Gn 14:9). Desde aquela época, não há nada mais frequente entre reis e povos que se enfrentam pela força das armas do que essas caçadas humanas chamadas de guerras. Refiro-me às guerras como um labirinto terrível e interminável, ao mesmo tempo que funesto para o gênero humano.

11. A natureza humana não tem objeção em ser governada por um rei, desde que seja com humanidade, e não com

bestialidade, porque o homem é um homem, e não um animal. Até mesmo Bucéfalo,[1] sendo um animal, não aceitava maus tratos, atirando ao solo imediatamente qualquer ginete cruel. Advertido, Alexandre, o Grande, saltou sobre ele e, tratando o cavalo selvagem de forma mais razoável, deixou-o tão manso e obediente às suas ordens que seu pai, Filipe, cheio de admiração, exclamou: "assim devem ser governados os reinos do mundo". Esse é um antigo exemplo de que, para governar a natureza humana, é necessário apenas uma coisa: guiá-la com mão suave. A violência, a imposição, os enganos, as intrigas, são meios ilegítimos para subjugar a criatura racional. É, pois, uma eterna verdade que "a guerra não é solução". Entretanto, os pecados dos povos são um terrível flagelo até o dia de hoje, e o comportamento louco e contínuo do mundo levou a semelhante labirinto interminável.

12. Passemos, contudo, a outros níveis, a labirintos menores e diferenciados de povos e famílias, seguindo, por exemplo, o fio da História Sagrada. Deus estabeleceu uma aliança especial com o patriarca Abrão, unindo-o a si. E, protegendo-o de erros, tribulações e perigos da vida, dirigiu-lhe estas palavras: "Não temas, Abrão, eu sou o teu escudo, o teu grandíssimo galardão" (Gn 15:1). E também: "Eu sou o Deus Todo-Poderoso, anda em minha presença e sê perfeito" (Gn 17:1). Desse modo, apenas uma coisa era necessária a Abrão, embora contivesse três aspectos: 1.º Crer em apenas um ser onipotente. 2.º Cumprir unicamente a vontade dele. 3.º Agindo assim, nada temer, pois estava seguro sob a proteção de seu escudo. Abrão manteve-se plenamente protegido enquanto observou essas condições necessárias. Mas, visto que tornou a pecar, afastando-se da fé em Deus, da vida em Deus, da esperança

[1] Nome do cavalo predileto de Alexandre, o Grande.

em Deus, teria enfrentado dificuldades, não fosse a intervenção divina, como aconteceu no Egito (Gn 12) e no reino de Gerar (Gn 20).

13. Pecando de forma parecida, seu filho Isaque incorreu em erros semelhantes (Gn 26:7), mas, tendo em vista que foi constante no cumprimento do necessário – fé, esperança e obediência –, Deus o protegeu. Seu primogênito, Esaú, ao contrário, ao vender seu direito de primogenitura por um prato de lentilhas, isto é, trocando o necessário pelo desnecessário, criou muitas complicações para si próprio, para seu irmão e parentes, como pode ser lido no relato de sua vida (Gn 25 a 36).

14. Durante a travessia do deserto, Deus dera a seu povo, Israel, o alimento necessário, o maná que chovia do céu todos os dias. Embora dispusesse do alimento com fartura, o povo estava insatisfeito e reclamava, pedindo carne, pescado, pepinos, melancias, alhos e cebolas. Irritado com essa glutonaria, Deus ordenou a Moisés que lhes anunciasse: "Comereis carne, não um dia, nem dois dias, nem dez dias, nem vinte dias. Mas durante um mês inteiro, até vos sair pelas narinas, até que vos enfastieis dela; porquanto rejeitastes ao Senhor, que está no meio de vós" (Nm 11:18–20). E assim aconteceu: um vento levantado por Deus trouxe codornizes de além-mar e as fez cair sobre o acampamento. E o povo, levantando-se, reuniu uma profusão de codornizes. Mas "quando a carne estava entre os seus dentes, antes que fosse mastigada, se acendeu a ira do Senhor contra o povo, e feriu o Senhor o povo com uma praga mui grande" (Nm 11:33). Insatisfeitos com o necessário, e desenfreadamente ávidos pelo desnecessário, vede em que calamidade eles se precipitaram!

15. Outro triste exemplo da desconfiança desse povo pode ser lido um pouco mais adiante no mesmo livro (Nm 13 e 14). Como já estavam a ponto de entrar na terra que lhes fora prometida, de onde manava leite e mel, apoderou-se dos israelitas um medo absurdo, e não apenas se negaram a seguir adiante, como também – após apedrejarem Moisés e Arão – quiseram eleger chefes para si e regressar ao Egito. Provocada por essa loucura, a fúria de Deus quis destruir a todos com a peste. Somente Moisés seria poupado e colocado à frente de um grande povo, em substituição daquele. Não fossem as súplicas ardentes de Moisés, a ira de Deus não se teria aplacado. De forma que os primeiros que se rebelaram, os promotores daquela infeliz decisão, caíram mortos imediatamente; aos outros, Deus jurou que não haveriam de entrar na terra prometida, que permaneceriam no deserto durante 40 anos até que todos tivessem morrido. Somente seus filhos poderiam entrar na terra prometida. E assim aconteceu. Quem se atreve a desconfiar de Deus, confiando, por sua vez, em sua néscia razão, experimentará o que é tentar a Deus!

16. O mesmo povo que foi levado à terra prometida pela poderosa mão de Deus, e governado ali durante 400 anos por juízes enviados pelo Senhor, atreveu-se a menosprezar a condução divina, exigindo de seu último juiz, Samuel: "Constitui-nos, pois, agora um rei sobre nós, para que ele nos julgue, como o têm todas as outras nações" (1 Sm 8:5). Samuel entristeceu pela petição, e Deus consolou-o desta forma: "Não te têm rejeitado a ti, antes a mim me têm rejeitado, para eu não reinar sobre eles" (1 Sm 8:7). "Agora, pois, atende à sua voz, porém adverte-o solenemente e explica-lhe qual será o direito do rei que houver de reinar sobre ele" (1 Sm 8:9). "Então naquele dia clamareis por causa do vosso rei, que vós houverdes escolhido; mas o Senhor não vos ouvirá naquele dia" (1 Sm

8:18). E assim foi: exceto Davi e outros dois ou três de seus descendentes, todos os demais (de um e outro reino) oprimiram o povo e suprimiram o culto divino mais puro, até serem derrubados com seus reinos. Ninguém pode negar que os homens são artífices de sua própria felicidade, e certamente péssimos artífices, quando insatisfeitos com o necessário – que Deus e a natureza jamais deixam de prover – atiram-se sobre o desnecessário por um impulso insensato e temerário.

17. Davi, o mais piedoso dos reis, a quem Deus se dignou chamar homem segundo seu coração, também transgrediu a lei algumas vezes, não escapando de complicações perigosas. Ao não envergonhar-se de cometer adultério, e de um assassinato para encobri-lo, mereceu escutar estas temíveis palavras: "Por que, pois, desprezaste a palavra do Senhor, fazendo o mal diante de seus olhos? A Urias, o heteu, feriste à espada, e a sua mulher tomaste por tua mulher; e a ele mataste com a espada dos filhos de Amon. Agora, pois, não se apartará a espada jamais da tua casa, porquanto me desprezaste..." (II Sm 12:9–10). Por seu arrependimento sincero, ele evitou os castigos anunciados para sua casa; mas não de todo, pois foi obrigado a presenciar uniões incestuosas entre seus filhos e filhas, assassinatos e outros fatos horríveis (capítulos seguintes). Depois de obter, pela graça de Deus, uma vitória contundente contra seus inimigos, e quando reinavam paz e segurança em todo seu reino, deu ordens para fazer o recenseamento de seus exércitos, num impulso de presunção. A ira de Deus tornou a inflamar-se, dando-lhe a escolha entre três pragas: uma fome de três anos, uma guerra de três meses ou uma peste de três dias. Diante disso, com o espírito angustiado, exclamou Davi: "Estou em grande angústia; porém caiamos nas mãos do Senhor, porque muitas são as suas misericórdias; mas nas mãos dos homens não caia eu" (II Sm 24:14). Então Deus lhe

enviou a peste, que em um só dia matou setenta mil homens (II Sm 24; I Co 21). Por esses exemplos podemos reconhecer como os homens, insatisfeitos com o necessário, fazem eles mesmos seus próprios labirintos, ao lançarem-se temerariamente sobre o que é inútil!

18. Já ouvimos Salomão admitir seus erros e implorar por misericórdia. Mas, qual era o motivo? Insatisfeito com o dom da sabedoria, não tinha outro motivo senão o de querer investigar no que consistia a tolice (Ec 2:3). Assim também aconteceu a Adão, cuja curiosidade despertou o desejo do conhecimento do bem e do mal. Acaso ambos tiraram algum proveito? No máximo, serviram como exemplo do que a estupidez pode fazer de um homem. Isso acontece até hoje com os que, descontentes com os bons dons de Deus, correm atrás dos seus próprios desejos vãos, enveredando por caminhos acidentados e escabrosos, onde caem em covas e armadilhas, das quais não saem, ou só conseguem escapar com grande dificuldade. Também foi assim com Roboão, filho de Salomão. Ele teria conservado seu reino se fosse prudente e seguisse o conselho dos anciãos para apaziguar com palavras moderadas os ânimos de seus súditos. Mas, ao optar por seguir o caminho contrário e dar ouvidos ao conselho de jovens insensatos, Roboão perdeu o reino e não conseguiu recuperá-lo posteriormente nem pela força, nem por outra decisão mais acertada. Assim, deixou a seus descendentes um labirinto tortuoso de guerras sem fim contra os reis de Israel.

19. Por que continuar expondo estes pensamentos? De toda a história sagrada e profana, bem como da vida diária dos homens, pode-se tirar miríades de exemplos de que todos os erros humanos – ainda que tenham milhares de formas – todas as dificuldades, todos os esforços em vão e todas as esperanças

defraudadas têm sempre esta única e nefasta raiz: que os homens, renunciando ao necessário, pensam, dizem e colocam em prática o desnecessário.
Ignoramos o necessário porque nos envolvemos com o desnecessário. E, seguindo o mesmo esquema, falta-nos o necessário, porque nos ocupamos com o desnecessário. Não alcançamos os objetivos fixados porque, no meio do caminho, nos detemos com o que é desnecessário, e acabamos querendo aquilo que não corresponde a nós. E assim fracassamos, mesmo tendo os melhores propósitos, porque, distraindo-nos com os bens inferiores, acabamos deixando para trás o mais importante.

20. Outro exemplo muito simples também elucida a estupidez geral do mundo. Ah, se conseguíssemos uma forma de os homens enxergarem as palhas e traves nos próprios olhos e, uma vez retiradas, pudessem ver melhor! Escreve o sábio Johannes Geiler, em um livro intitulado *A nau dos insensatos*,[2] que conhecera um homem extravagante, obcecado por bastões e bengalas, de tal forma que juntava qualquer pedaço de madeira parecido com uma bengala que encontrasse pela frente. Por isso, muitas vezes carregava um feixe tão grande que mal podia caminhar. Quando perguntado por que fazia isso, costumava responder: "Um bastão é útil ao caminhante para servir de apoio e afugentar os cães". Ele tinha razão ao dizer que a bengala era um instrumento indispensável para o viajante, mas errava ao não pensar que apenas uma seria útil; muitas seriam uma carga, um estorvo. O avarento que ler esta história talvez se reconheça. Sua avidez por riquezas é desmedida, e assim ele amontoa mais bens do que necessita nesta existência, além de duplicar para si os esforços e as tribulações da vida, mediante uma preocupação supérflua com suas riquezas.

[2] *Narrenschiff.*

E que outra coisa fazem alguns estudiosos, ao acumular desmedidamente instrumentos de erudição, isto é, livros? Alguns deles, dificilmente conseguirão examinar. Ou então, caso passem os olhos por todos eles, o resultado seria um desvario ou uma confusão mental, e não uma profunda sabedoria. Dessa maneira, em todas as posições sociais podemos ver pessoas que se expõem ao ridículo por colecionar bengalas e construir seus próprios labirintos.

21. "Feliz daquele que, mesmo na velhice, consiga ver a verdade sobre as coisas", diz Platão. Depois de muito atormentados pelos labirintos mundanos, pelas pedras de Sísifo e as ilusões de Tântalo, seremos felizes anciãos se no final de nossas vidas arrependermo-nos como Salomão; e depois de dizer adeus às vaidades e a tudo o que é supérfluo, dedicarmos nossos esforços exclusivamente ao único necessário nesta vida e na futura. Feliz seria o mundo que, por sua vez, também envelhece e se apressa em direção ao fim, se, após tantas decepções dos séculos passados, finalmente começasse a abrir os olhos. Então poderia considerar seriamente as garantias de uma vida melhor, que a bondade de Deus continua oferecendo generosamente, e usufruir do que nos é oferecido. Se nossa advertência puder contribuir em algo para essa finalidade, tentemo-lo, portanto!

Capítulo III

Após demonstrar a necessidade da arte de distinguir entre o necessário e o desnecessário, indica-se no que consiste o que entendemos por "necessário", por que se deve buscar em cada coisa o único necessário e como proceder para encontrá-lo.

1. Pelo que foi dito, fica claro: (1) Que o mundo é, de fato, um labirinto transbordante de erros, fadigas e enganos. (2) Que os próprios homens são os artífices de seus infortúnios. (3) E isso por sua própria ignorância, já que não sabem reconhecer o que lhes é necessário e útil. Ao invés disso, enredam-se com o desnecessário e prejudicial. Por conseguinte, saber escolher o necessário em vez do desnecessário, e o útil em vez do nocivo, é a "arte das artes", e não apenas a base, como também o cume de toda a sabedoria humana. Ao considerar essa arte, gostaria de destacar três aspectos neste capítulo:

I. Agora que o mundo se encaminha para seu fim, esta arte é mais necessária do que nunca;

II. Agora, no limiar do fim do mundo, ela tornou-se mais difícil do que nunca;

III. Não obstante, essas dificuldades podem ser superadas, pois existe um meio para evitar erros e esforços inúteis e para não ser privado do fruto de seu trabalho.

2. Deve-se ver claramente a necessidade dessa arte, partindo do princípio de que a vida do homem é um caminho que avança progressivamente desde o passado, seguindo pelo presente, em direção ao futuro e desemboca sempre em lugares novos, antes desconhecidos, ligando-nos a outras coisas e

pessoas. Quem percorre um caminho desconhecido precisa de um guia confiável e experiente, ou de algum indicador seguro para evitar que se desvie do caminho certo, principalmente nos muitos cruzamentos que se nos apresentam no curso da vida. Explico: mesmo o primeiro homem no Paraíso esteve diante de uma encruzilhada, teve diante de si dois caminhos, duas árvores, com um mandamento e uma proibição. Precisava, portanto, de sabedoria para discernir qual era o certo. Já seus descendentes necessitaram maior atenção para decidir, pois tinham muito mais a fazer e evitar, por dispor de várias advertências e indicações das quais prevenir-se. No correr do tempo, estas aumentaram incrivelmente, e o mundo tornou-se repleto de complicados labirintos. Para onde quer que se dirija, o homem estará diante de milhares de caminhos que lhe mostrarão como se pensou, o que se disse e se fez, quais as dúvidas e as decisões, como se vacilou e errou. Por isso, nada debaixo do céu é tão importante para o homem como saber o que é necessário para ele.

3. Identificar o necessário tornou-se cada vez mais difícil, precisamente devido à multiplicação de coisas supérfluas e nocivas, muito além de todos os exemplos dos séculos passados. Para o primeiro homem essa arte não foi tão difícil, porque não teve ocasião para equivocar-se, além da escolha da árvore proibida. Nos tempos de Salomão, como muito se multiplicaram o número de pessoas, as atividades humanas e a sede de conhecimento, também aumentaram os labirintos com suas respectivas complicações. Isso não atingiu somente pessoas comuns, mas inclusive sábios como o próprio Salomão. O que dizer, então, do nosso tempo, quando tudo é milhares de vezes maior e mais complexo do que no tempo de Salomão? Para o homem parece impossível encontrar a saída. Entretanto, é consoladora aquela frase de Cristo: "As coisas que

são impossíveis aos homens são possíveis a Deus" (Lc 18:27). Como também consolam as reiteradas promessas de Deus, de que todas as coisas estarão "muito bem" no final do governo divino, assim como tudo esteve "muito bom" no final da Criação (Gn 1:31).

4. A habilidade humana, que já investigou o que no passado parecia inexplicável, fazendo desses conhecimentos uma ciência, dá-nos motivo de esperança de que, um dia, será possível aprender como libertar-nos dos milhares de labirintos do mundo. Tríplice é o fundamento dessa esperança: (1) Contamos com os exemplos de muitos que erraram antes de nós. Eles podem ensinar-nos como não se deve fazer. Porque, na verdade, quem vê uma pessoa cair, não precisa necessariamente cair, porque pode reconhecer o erro e, assim, evitá-lo. Quem não fizer isso é mais estúpido do que um animal. Daí provêm este ditado e outras advertências dos sábios: "Feliz daquele a quem os perigos alheios levam a precaver-se". (2) Salomão mostrou-nos a causa dos erros humanos e, ao mesmo tempo, indicou-nos o remédio para isso: "Eis o que tão-somente achei: que Deus fez o homem reto, mas ele se meteu em muitas astúcias" (Ec 7:29). Em outras palavras, a multiplicidade foi a perdição dos homens, que, deixando-se arrastar pela curiosidade, nela se enredaram. Portanto, para desenredar-se, devem voltar à simplicidade. (3) E melhor ainda fez o Salomão celeste, conclamando-nos a voltar da pluralidade à unidade, a não ocupar-nos mais com mil e uma coisas. E, da sobriedade das poucas coisas, ficar apenas com uma única, com a palavra divina: uma só coisa é necessária (Lc 10:42). Oh, que grande economia, se em vez de incontáveis coisas fosse suficiente apenas uma! Porque, se soubermos encontrar essa única coisa necessária em todas e em cada uma das situações, dominaremos a verdadeira arte

de evitar todos os labirintos de Dédalo, todas as fadigas de Sísifo e todas as ilusões de Tântalo.

5. Sei que pessoas muito ocupadas buscam a arte de não perder-se em meio a suas múltiplas tarefas, de não falhar, de não ver suas expectativas frustradas e, em orgulhosa autoconfiança, acreditam tê-la encontrado. Mas, todas elas se enganam, como demonstram estes provérbios alemães: "Os melhores nadadores acabam se afogando, os melhores alpinistas caem e morrem, os melhores boxeadores são cobertos por golpes". Sem dúvida porque são audazes, confiam excessivamente em sua capacidade e expõem-se a muitos acidentes. O perigo acaba pegando aquele que se arrisca com frequência. Mais seguro, portanto, é temer as situações perigosas, evitar muita exposição e excesso de confiança. Ou seja: ater-se ao que é necessário.

6. Para melhor compreensão, direi que em relação às ocupações humanas há duas formas de proceder: I. Há quem assuma muitas ocupações, tendo, por isso, muitas preocupações. II. Outros, por sua vez, assumem somente o necessário, realizando a tarefa com afinco e o devido cuidado. Poderíamos comparar a primeira forma de atuar com a figura bíblica de Marta, que se dedicava a muitos afazeres; a segunda, que faz unicamente o que escolheu, à figura de Maria. Marta, indo de um lado a outro por toda a casa, procurava proporcionar perfeitas comodidades a seus hóspedes. Mas Maria prestava atenção apenas a um, ao Senhor. Ávida pelas palavras de vida que lhe vertiam da boca, sentou-se a seus pés, e recebeu mais elogios de Cristo do que sua irmã. Poderíamos denominar esses dois tipos de atitude solícita (a de Marta e a de Maria) também de salomônica e cristã. Salomão quis experimentar de tudo, tanto o bem quanto o mal (Ec 1:2, 3, 10). Cristo, porém, tendo rechaçado de uma só vez todo o mal, uniu-se para

sempre unicamente ao bem (Is 7:15). Essa é a arte de Maria, a arte cristã: a de escolher a melhor parte, para que não nos seja arrebatada; a arte de separar o precioso do que não tem valor, isto é, o necessário do desnecessário.

7. Contudo, antes que aprendamos a praticar essa arte, convém analisarmos:
I. Em que consiste o que chamamos de "necessário" e como ele se distingue do desnecessário.
II. Por que somente o único necessário pode ser chamado assim.
III. Como podemos descobri-lo em cada situação.

8. Para realizar e conseguir algo, o necessário é o primário, isto é, a condição imprescindível, sem a qual todo o restante seria inútil. É como o fundamento sobre o qual se assenta toda a estrutura de uma construção. Sua supressão provocaria o desmoronamento de todo o edifício. Em suma: aquilo sem o qual algo não poderia nem existir. Denomina-se, em outros contextos, o principal, primeiro, primário, prioritário, fundamental, o radical, capital, essencial; ou então, a própria essência ou substância de algo, cabeça, raiz, fundamento, base, nervo, medula, núcleo. Os demais elementos a ele relacionados são designados como o não necessário, o não pertinente, ou então o secundário, acessório, acidental, acréscimo, apêndice, adorno. A diferença entre um e outro é esta: o necessário é condição vital, define categoricamente um ser, enquanto o desnecessário nomeia apenas diversas características suas, sua aparência exterior (melhor ou pior). A raiz de uma árvore, por exemplo, é um órgão necessário, visto que sem ela a árvore não pode sequer permanecer de pé, não pode crescer, nem produzir frutos. Mas os galhos, as folhas, as flores e os frutos são partes secundárias da árvore. Com efeito, a árvore privada

dessas partes não deixa de ser uma árvore por causa disso. O mesmo diz respeito às artes. Se quisermos saber o que é mais necessário na pintura, a resposta será que, independentemente do objeto retratado, ele deve parecer-nos algo que continua vivo, de maneira que um simples olhar permita reconhecer o objeto pintado. Cores e alguns adornos, por mais belos que sejam, são secundários e nada têm a ver com a essência do quadro. E, assim, para evitar confusão, devemos distinguir, em tudo, o essencial do acidental, o necessário do desnecessário.

9. As coisas desnecessárias, por sua vez, podem subdividir-se em úteis, inúteis e prejudiciais. Denominamos útil o que, embora não afete a essência de algo, contribui para melhorar a existência. Assim, por exemplo, os alimentos podem tornar-se mais saborosos e saudáveis mediante alguns ingredientes. Substâncias prejudiciais, ao contrário, podem piorá-los ou destruí-los. Desse modo, os alimentos podem tornar-se prejudiciais à saúde ou tóxicos. Inútil ou indiferente é aquilo que nem favorece nem prejudica. Dá na mesma se o pão é feito com farinha fina ou grossa, se a carne é de boi ou de vitela, de cordeiro ou de cabra, só é preciso que o alimento seja nutritivo.

10. Quanto à afirmação do Senhor de que apenas uma coisa é necessária, podemos entendê-la como uma unidade ou a designação de um conjunto. A unidade manifesta-se em reciprocidade, quando "um" corresponde a "um", e "dois", a "dois". Por exemplo, o corpo humano precisa necessariamente de uma cabeça, e uma cabeça, de um corpo; do contrário, teríamos um monstro. Do mesmo modo, para uma cabeça basta um chapéu, e para um chapéu, uma cabeça. Mas as mãos, sendo duas, necessitam de duas luvas, e os dois pés, de dois sapatos. E assim tudo tem sua proporção certa, de modo que o que está além da necessidade é supérfluo, inconveniente etc.

11. A unidade compreendida como conjunto divide-se, geralmente, em três partes essenciais. Por exemplo: para qualquer ação sempre são necessários três aspectos: I. Um objetivo útil, que impulsione a atuar. II. Meios viáveis, que garantam a eficácia da ação. III. Determinado modo de utilização desses meios, para que a ação alcance seu objetivo. Para atingir o objetivo são necessários, por sua vez: I. Um executor ou pessoa atuante (pois nada se cria por si mesmo). II. Algo executável, a obra a ser realizada ou uma matéria que deve ser posta em determinada forma. III. Os instrumentos ou ferramentas para a execução. Três também são os requisitos para a pessoa que age, o executor: poder, saber, querer. Tal pessoa deve possuir as forças necessárias para a realização do trabalho (poder). Precisa também da devida habilidade (saber) e da boa vontade de executá-lo (querer). Um exemplo pode ilustrar por que são necessárias estas três condições. Se pedirmos a um mudo que cante, será em vão, porque lhe falta a voz (poder). Se pedirmos a uma pessoa rude, que não tem a menor ideia dessa arte, também será em vão. Falta-lhe o saber. Se pedirmos a alguém com talento musical, essa pessoa sem dúvida saberá e poderá cantar, mas a menos que também queira fazê-lo, não haverá canto (querer). E assim é em tudo.

12. Mas, como distinguir o único necessário em meio à imensidade de coisas desnecessárias? A pergunta é justificada, pois por desconhecerem a resposta, muitos estão perdidos em eternos labirintos, rolam eternamente as pedras de Sísifo, e sofrem eterna falta do verdadeiro bem. Então, o que fazer? Deve-se prestar atenção na verdadeira definição de cada coisa, na sua finalidade ou objetivo; e o que a torna apta a cumprir sua finalidade. Se isso for descoberto, será justamente o primeiro e o mais necessário. Alguns exemplos podem demonstrá-lo melhor: Para que serve a Terra? Para sustentar-nos, e a tudo

o que construímos. Logo, precisa de solidez, porque, se fosse mole e lamacenta, não seria apta para sua finalidade. A água, para que nos foi dada? Para prover-nos de umidade. Logo, a umidade, a liquidez, a fluidez são para ela o único necessário. Desprovida dessas qualidades, por exemplo, quando a água está em estado sólido, não corresponde à sua utilidade, a menos que o gelo derreta. Para que existe o ar? Para que os seres vivos possam respirar. Logo, o único necessário é que seja bom, respirável e, por conseguinte, sutil e puro. Para que o fogo? Para aquecer-nos, para cozinhar alimentos crus, para dissolver etc. Logo, necessita-se calor em diferentes graus conforme a aplicação, mas certamente um calor ativo, não o calor ligado aos minerais ou a outras substâncias. O que são e para que servem nossos alimentos (comida e bebida)? Para repor em nosso corpo os líquidos e as forças vitais consumidos diariamente pelo calor que produzimos ao trabalhar. Portanto, são necessários bons sucos e alimentos que tragam vitalidade, adequados às nossas disposições e alentos vitais. E assim sucessivamente com todas as manifestações da natureza.

13. Mas passemos à prática de tudo isso! De modo que, buscando a saída dos erros, das fadigas e ilusões da vida humana, comprovemos a veracidade dessa arte.

Capítulo IV

A regra de Cristo sobre o único necessário deve ser observada. Somente ela pode mostrar a saída dos labirintos do mundo, proporcionar alívio às fadigas e saciar a fome mundana. O próprio Cristo ensinou-a por meio de palavras e exemplos.

1. A respeito do reino dos céus, disse o Senhor que ele se assemelha a um grão de mostarda, pois, mesmo sendo a menor das sementes, quando cresce "é a maior das plantas, e faz-se uma árvore, de sorte que vêm as aves do céu, e se aninham nos seus ramos" (Mt 13:31). O mesmo pode ser dito deste mandamento de Cristo (sobre o único necessário), que pode parecer insignificante aos olhos dos homens, todavia seus frutos alcançam até os céus e a própria eternidade. E para que isso seja evidente, examinemos em primeiro lugar como o próprio Cristo semeou até ver sua semente transformada em árvore de longos ramos, para proveito das "aves do céu", isto é, de seus fiéis, os candidatos ao céu. A seguir, de que maneira nós, como discípulos do melhor dos mestres, poderemos empregar sua regra em todas as circunstâncias, com grande utilidade.

2. Digo, pois, que Cristo, precisamente por meio deste brevíssimo e simples mandamento, ensinou-nos uma arte magna tríplice: I. Escapar dos labirintos dos erros. II. Superar todas as rochas de Sísifo. III. Conseguir todas as delícias dos prazeres honestos.

3. Se alguém, em todos os seus assuntos, (1) tiver cuidado em não envolver-se com o desnecessário, (2) atender apenas ao

necessário em todas as ocasiões, (3) e permanecer em seu caminho simples, que o leva de novo à unidade, não conseguirá esquivar-se facilmente das complicações que surgem da confusa multiplicidade?

4. Por isso, em todas as atividades deve-se observar: (1) Não fazer muitas coisas ao mesmo tempo nem dedicar-se ao secundário; (2) Consagrar-se apenas às obras necessárias ou à única obra; (3) dedicar-se exclusivamente a ela, até que esteja completamente terminada. Se assim proceder, verá como a montanha de coisas a realizar diminui à sua frente, enquanto aumenta a de trabalhos já concluídos.

5. O mesmo acontece com a obtenção dos bens da vida e os prazeres deles advindos: se alguém (1) não fica embevecido diante do desnecessário, (2) nem diante de muitas coisas aparentemente necessárias, (3) e se contenta com as coisas de momento, tal como se apresentam, esse não se perturbará facilmente com desejos frustrados, pois sabe moderar seus apetites em qualquer circunstância. Daí o conselho de Epiteto:[1] Na vida, deve-se comportar como num banquete: se chegar a ti algo que está circulando entre os comensais, estende discretamente a mão e toma-o. Ainda não está ao teu alcance? Não alimentes muito teu apetite. Passou à distância? Deixa-o ir. Admiravelmente belo! Entretanto, é apenas um pequeno riacho que brota da fonte da sabedoria, Cristo, "que ilumina todo homem que vem ao mundo" (Jo 1:9).

6. Cristo, por outro lado, explica e aplica com especial cuidado seu mandamento (sobre a atenção permanente ao único

[1] Filósofo grego estoico (século II), viveu a maior parte da vida como escravo em Roma.

necessário). Por exemplo, ao aconselhar em todas as ocasiões a simplicidade, que é o fio de Ariadne para desenrolar-se de qualquer labirinto ou para usar diante de tudo que é complicado ou excessivo. Alguns exemplos ajudarão a compreendê-lo. (1) Diante das dificuldades inerentes às relações humanas, Jesus costumava lembrar a seus discípulos a simplicidade das primeiras regulações de um assunto, dizendo: "Não foi assim desde o princípio" (Mt 19:8). (2) E queria curar seus discípulos do ativismo ou excesso de ocupações, inculcando-lhes sua verdadeira missão: "Os reis dos gentios dominam sobre eles, e os que têm autoridade sobre eles são chamados benfeitores. Mas não sereis vós assim; antes o maior entre vós seja como o menor; e quem governa como quem serve" (Lc 22:25–26). (3) Para afastar os seus da ambição, colocou um menino entre eles, ensinando-lhes a imitá-lo em sua humildade (Mt 18:2). (4). Para dissuadi-los da avareza, recomendou que prestassem atenção às aves do céu e aos lírios do campo, como são alimentados e vestidos pelo Pai celestial sem que tenham de se preocupar com isso (Mt 6:25 etc.). (5) Quando temiam previsões de perigos futuros, remetia à esperança do auxílio que lhes fora prometido (Mc 13:11; Lc 21:14). E como estes, há inumeráveis exemplos.

7. E o que propunha para libertar-nos das preocupações inúteis e das fadigas? Aconselhava abandonar a preocupação excessiva com as coisas terrenas e confiar nos cuidados paternais de Deus conosco (Mt 6:25 e 32). E mesmo abandonar as coisas (que, em si, podem ser boas), caso sejam motivo de preocupações exageradas. Ao jovem rico que buscava uma vida virtuosa, mas não se sentia livre devido à preocupação pelos seus bens, Cristo dirigiu estas palavras: "Se queres ser perfeito, vai, vende tudo o que tens e dá aos pobres, e terás um tesouro no céu; vem e segue-me" (Mt 19:21). Caso existam, contudo,

cuidados e deveres que não possam ser negligenciados, Cristo aconselha diligência e constância, até que o trabalho seja vencido pelo próprio trabalho. A uma pessoa que hesitava em segui-lo enquanto não revolvesse antes certos assuntos, disse: "Ninguém que lança mão do arado e olha para trás é apto para o reino de Deus" (Lc 9:62). Isso significa: faz o que tem de ser feito, leva adiante o que tens nas mãos sem demora e remove os empecilhos. Quando ele mesmo tomou sobre si a obra de salvação, não permitiu que nenhuma fadiga ou sofrimento o detivesse, até poder dizer no momento de sua morte: "Está consumado" (Jo 19:30).

8. Finalmente, como aplicava o Senhor seu mandamento (sobre o único necessário) para alcançar os bens anelados e desfrutá-los? Primeiro, ensinando que o desejo não deve estender-se às coisas desnecessárias. Assim, por exemplo, não quis ser um rei no reino da terra, pois não havia sido enviado para esse fim (Jo 6:15), nem dividir uma herança, pois não era juiz nem mediador (Lc 12:14). Da mesma forma, quando ensinava que para o sustento vital não se devia pedir ao Pai celestial mais do que o pão cotidiano, isto é, não manjares delicados ou guloseimas, excitantes da gula, mas o mais simples que se pode ter. Ensinou também a desfrutar com modéstia e gratidão tudo o que a divina Providência proporciona em medida suficiente, seja o que for. Isso Jesus praticou constantemente e ensinou a seus discípulos. Daí as palavras do Apóstolo: "Aprendi a contentar-me com o que tenho. Sei estar abatido, e sei também ter abundância; em toda a maneira, e em todas as coisas estou instruído, tanto a ter fartura, como a ter fome; tanto a ter abundância, como a padecer necessidade. Posso todas as coisas em Cristo que me fortalece" (Fp 4:11–13). Finalmente, habituar-se à escassez e à carência de deleites é melhor do que tê-los permanentemente em abundância. Assim,

Cristo, sendo rico, quis se fazer pobre por nossa causa, isto é, para dar-nos exemplo (ii Co 8:9). Muitas vezes jejuou, inclusive por quarenta dias, embora tivesse o poder de criar pães, como demonstrou algumas vezes, alimentando as multidões famintas, e "pelo gozo que lhe estava proposto, suportou a cruz, desprezando a afronta, e assentou-se à destra do trono de Deus" (Hb 12:2).

Seus fiéis apóstolos também demonstraram ser seguidores de Cristo. Como ministros de Deus suportaram muito nas tribulações, em situações de necessidade, em angústias e aflições, nos açoites, nas prisões, nas vigílias, nos jejuns, passando por honra e por desonra, por infâmia e por boa fama; tratados como impostores, sendo, pelo contrário, verdadeiros; como desconhecidos, sendo, entretanto, bem conhecidos; como mortos, estando, não obstante, perfeitamente vivos; como tristes, estando sempre alegres; como pobres, mas enriquecendo a muitos; como quem nada tem, porém, possuindo tudo (ii Co 6:4–10). Isso é bem diferente das lamentações de Tântalo pelo mundo!

9. Como é simples e benéfica a filosofia de Cristo como caminho da verdadeira felicidade: unir-se dentro de si com Deus e repousar em Deus, já não se dispersando com coisas exteriores. Nada mais necessário do que isso. Quem aprendeu na escola de Cristo não se extravia facilmente de seu objetivo, a bem-aventurança; não sucumbe facilmente diante das dificuldades que lhe sobrevêm; não se sente frustrado em seus desejos, por causa do sossego de sua mente e da satisfação de sua consciência. Segundo a doutrina de Cristo, essa pessoa contenta-se unicamente com Deus, e com o único mediador entre ela e Deus, Cristo; com o único mestre interior, consolador, confortador, o Espírito Santo; com a única luz da fé, a única âncora da esperança, dirigindo constantemente sua

oração e seus anseios a Deus; com apenas uma boa obra que lhe foi dada como missão, o amor ao próximo, em qualquer parte, a quem quer que seja, ou a quem seja capaz de ajudar; por último, com paciência nas adversidades, ou então, para que nem sequer seja necessário o sofrimento, com a total subordinação da própria vontade à vontade divina. Pois quem se entregar completamente ao que é grato a Deus há de considerar por igual o bom e o mau, as alegrias e as dores, a vida e a morte, como o único e verdadeiro caminho da bem-aventurança, no qual a misericórdia divina o guia, até a libertação das misérias desta vida.

10. Quanto a nós, se não quisermos ser discípulos indignos daquele a quem confessamos como nosso Senhor, seguiremos seus passos e aplicaremos também em nossa vida a regra de ouro sobre o único necessário. E assim veremos como cada ser humano, como escolas, igrejas, estados e o mundo inteiro, se quiserem escutar conselhos saudáveis, poderão libertar-se de seus labirintos, de suas pedras de Sísifo e de seus suplícios de Tântalo (que afetam a todos na atualidade), com rapidez e segurança, para sua eterna alegria.

Capítulo V

Mediante alguns exemplos demonstramos o método para que cada um possa aplicar sabiamente em si mesmo a regra de Cristo sobre o único necessário, de modo que as coisas possam ir bem durante toda a sua vida, na morte e após a morte.

1. Como é desnecessário comentar todas as aplicações do único necessário, basta citar alguns exemplos esclarecedores da regra de Cristo e como cada um pode aplicá-la, começando por si mesmo.

2. De que precisa o homem em primeiro lugar, o que é mais necessário? Ele precisa de si mesmo. Por isso, deve aprender a conhecer-se, a governar a si mesmo e a usar suas forças em proveito próprio.

3. O que isso significa? Em primeiro lugar, o homem deve conhecer-se a si mesmo, de modo a saber que não é simplesmente uma criatura como o céu, a terra, o sol, as árvores e os animais, mas sim o elo entre o criador e as criaturas, feito à imagem de seu criador, de quem é representante e servidor. Mas como senhor e governador das criaturas, ele é um pequeno mundo e um pequeno deus.

Em segundo lugar, como um pequeno deus, ele deve saber governar a si mesmo, o seu pequeno mundo. Por isso, um sábio disse, certa vez: "Se queres ser rei, dar-te-ei um reino: governa a ti mesmo". Finalmente, o homem necessita saber usar e aproveitar suas próprias forças. Isto é, confiar em si, em vez de buscar apoio em outras criaturas. Deve procurar a alegria em si mesmo, mais que nos outros. É como diz o provérbio: "Em ti mesmo repousa um mundo, por isso não o busques fora de ti".

4. Por que o homem é um mundo em si mesmo? Resposta: porque leva, em seu interior, tudo o que pertence à sua essência e não deixa nada de si fora dele, como se fosse um círculo ou uma esfera. Por isso, a melhor forma de o homem encontrar-se será dentro de si mesmo e não em outra parte; porque dentro de si encontrará facilmente Deus e todas as coisas. Deus, à medida que qualquer coisa pode ser encontrada e contemplada em sua imagem. E o mundo, na medida em que se reconhece algo com base em suas pistas, visto que todas as criaturas são pistas ou sinais do Criador. O homem que sabe governar a si mesmo também há de saber guiar outro homem, uma vez que naturezas parecidas exigem um governo parecido. Se souber governar um homem, também saberá governar um grupo de homens, pois todos foram criados à mesma imagem. Finalmente, se um homem aprendeu a aplicar suas forças e delas tirar proveito, também saberá desfrutar dos outros bens a ele destinados. Assim, a primeira necessidade para o homem consiste em conhecer-se, governar-se, possuir a si mesmo, usar e aproveitar suas forças.

5. Exporei estas ideias mais detalhadamente. Quero dizer que o homem deve buscar sua felicidade em si mesmo e em suas partes essenciais, como o corpo, a alma e o espírito, mais do que no exterior e em coisas secundárias, tais como os alimentos, a roupa, a casa, os recursos, na simpatia humana e demais suplementos da vida, porque eles, quando empregados sem conhecimento, dificultam-na e representam mais carga do que alívio, mais empecilho do que auxílio, causando mais dano do que proveito. A verdade é que eles multiplicam os labirintos

da vida, as pedras de Sísifo, os suplícios de Tântalo, conturbando, sem dúvida alguma, a verdadeira felicidade. Age de forma inteligente quem considera valioso o que pertence a seu ser, o corpo, a alma e o espírito imortal que coloca o homem acima de todas as criaturas visíveis. Age de forma inteligente quem cuida do que o torna verdadeiramente humano, com os mesmos cuidados que dedica à sua horta ou seu jardim, para dali colher os frutos da ansiada bem-aventurança.

6. Como deve ser o solo para que tais frutos possam ser colhidos? O que é preciso fazer para que eles se desenvolvam bem?

7. Gostaria de ensinar isso. Tudo o que é bom em nós decorre de termos sido criados à imagem e semelhança de Deus. Quanto mais nos aproximarmos do nosso arquétipo, Deus, mais facilmente o bem jorrará dessa fonte. Devemos almejá-lo com todas as forças, seguindo o anseio interior que brota do fundo dos nosso coração. Deus é e vive. Ele é todo-poderoso e tudo sabe. Em sua sabedoria, só quer o bem e cumpre sua vontade. Ele é o Senhor de todas as coisas e pode valer-se delas. Ele supera todas as criaturas. Manifesta-se àqueles com quem conversa. Ama suas criaturas e quer ser amado por elas. Ele é eternamente bem-aventurado na plenitude de sua bondade. Como ele, também o homem deseja viver e prosperar em sua força. Ele anseia por conhecimento e compreensão, esforça-se para obter o que lhe agrada e atingir seu objetivo. Ele quer ter muito e desfrutar daquilo que conquistou, quer destacar-se e ser estimado. Quer ser eloquente para comunicar seus pensamentos a outros, quer ter os homens a seu favor, para garantir sua felicidade, e um Deus misericordioso, benévolo. Quem não desejasse essas dádivas de todo o coração não seria um homem, mas um monstro.

8. Poder não falta ao homem para obter tudo isso, sempre que

escolha os meios corretos e adequados a seus desejos. Seu corpo físico é um ente orgânico, que pode ser conservado ou destruído, conforme os órgãos sejam cuidados ou corrompidos. Com seus cinco sentidos saudáveis, o ser humano pode não apenas perceber o mundo, como também obter conhecimento, se não poupar esforços para investigar as causas de todos os fenômenos. Não foi dado a cada ser humano livre arbítrio e discernimento das coisas? O homem pode conseguir tudo, ele possui órgãos para realizar qualquer coisa. Ou existe algo para o qual ele não tenha órgãos? Por que ele não poderia possuir um bem qualquer? O Criador proveu sua casa, o mundo, abundantemente com todo tipo de bens, e no-lo entregou como morada. Todos podem usar e desfrutar dos bens, pois todas as coisas foram feitas extraordinariamente bem (Gn 1:31). É certo que todas elas se corromperam por causa do pecado; não obstante, para os que amam a Deus tudo coopera para o bem (Rm 8:28). Qualquer um pode ter a possibilidade de elevar-se, contanto que não ignore quais são verdadeira elevação e o caminho reto para alcançar as verdadeiras alturas. Porque, pela própria lei da criação, estamos acima de todas as criaturas visíveis; e pelo benefício da salvação estamos acima inclusive dos anjos. Finalmente, pela santificação somos elevados à comunhão com Deus. Que grandeza! (Sl 8:6–8; Hb 2:16; II Pd 1:4).

Todo homem tem a possibilidade de ser eloquente se de Deus recebeu mente, língua e ouvidos sãos; poucos foram privados desses órgãos por algum infortúnio. Por que um homem educado não poderia conquistar a simpatia de outros, se observa as leis do decoro? Por que, enfim, a união com Deus, por meio do amor e da entrega, não seria possível para o homem que ouve o salmista: “Provai, e vede que o Senhor é bom”? (Sl 34:8).

9. Portanto, como o homem pode colocar em prática aquilo para o qual está habilitado? Veremos o que nos ensina a regra de Cristo sobre o único necessário.

Perguntemos, primeiro, o que é requerido para se desfrutar da vida e da saúde de forma permanente? Resposta: é preciso observar tudo o que fortalece a vida e a saúde, e evitar o que as debilita. Em outras palavras, foge do que prejudica a saúde e aplica o que lhe é benéfico. O bem-estar e a saúde sofrem danos exteriormente por meio de feridas, golpes, quedas, comoções e contusões. Internamente são prejudiciais todos os excessos a que submetemos o corpo, como o calor ou o frio rigoroso, o movimento ou a quietude excessivos, a fartura extrema na comida e bebida, ou ao contrário, a abstenção pela fome, por jejuns, ou medicamentos.

Os meios para conservar a saúde são principalmente uma atitude de vida correta e respeito a Deus e aos homens. O primeiro consiste na moderação a ser observada na alimentação, no movimento, no sono e em tudo cujo uso moderado é útil e cuja falta ou excesso são prejudiciais. O respeito a Deus e aos homens significa um esforço para não induzir ninguém a fazer o mal. Quando se dá ao estômago o alimento necessário, ao corpo, o movimento e o repouso devidos, ao espírito, tranquilidade e alimento correto; quando se obedece e adora a Deus, o Senhor da Vida, e quando se dá aos homens o que é devido a cada um, por que não esperar pelo bem? Por acaso, o próprio Cristo e seus santos, ao cuidarem da vida e da saúde, não nos deram um exemplo?

10. Para obter muitas coisas boas e, por outro lado, não aprender as más, um único caminho é necessário: oferecer aos sentidos somente o que vale a pena saber; tudo o mais deve ser ocultado. Porque os olhos, os ouvidos e os demais sentidos assimilam rapidamente o que lhes é apresentado. Também nesse

aspecto vale a regra: tudo deve acontecer aos poucos, sem precipitação. Por outro lado, aquilo que se oculta, oculto está.

11. Para compreender profundamente tudo o que se conhece, são necessários uma investigação e um exame meticuloso das causas. Quando se quer compreender algo a fundo, deve-se investigar para que serve, de que elementos se compõe e qual é a ligação entre suas partes. E então se verá claramente do que se trata, sua essência ficará patente. Por que essa maneira ponderada de agir não seria adequada para se alcançar o necessário, mantendo afastado o que é desnecessário?

12. Para que um homem aprenda a não abusar do livre-arbítrio, e sim usá-lo corretamente, é preciso que se acostume a afastar sempre tudo que é ilícito; e quanto ao que é permitido, a usar bem o discernimento, distinguindo se tem uma finalidade ou não, ou, em outras palavras, se é conveniente. Essa virtude – de abster-se sempre do que é ilícito, e muitas vezes do que é lícito – é considerada a mais elevada entre as virtudes. Porque, com efeito, ninguém é verdadeiramente livre se não controlar a si mesmo. Por isso:

Mais forte é quem vence a si mesmo
do que quem conquista as muralhas mais fortes.
A virtude não pode alcançar alturas mais altas.

13. Quem quiser possuir tal virtude terá de observar o mandamento de Cristo. O ser humano é, por natureza, cheio de energia e ágil. Ele se delicia com o movimento e a atividade, não tendo necessidade de outra coisa a não ser de uma orientação sábia. Da mesma forma que a mente está sempre pensando em algo, e a vontade sempre querendo algo e escolhendo, assim também a capacidade de ação do homem somente

se demonstra na execução do que foi pensado e desejado. Para isso não há necessidade de estímulos externos, cada um os leva consigo em seu interior – pensar e querer impulsionam-se mutuamente. No entanto, é mister uma orientação correta, para que o ímpeto do ser humano não entre em rotação desordenada, lançando-o para fora de sua órbita. Por isso, uma vez impedida de desperdiçar-se com o desnecessário, nossa vivacidade natural se dedicará com muito mais energia e exclusividade ao que é necessário. Oh! Como isso é grandioso!

14. O mandamento de Cristo pode muito bem fazer que alguém não se sinta prejudicado pela necessidade, mas provido com abundância. Porque em sua eterna bondade, Deus distribui sempre seus dons desde que não nos faltem mãos para recebê-los. E nossa natureza não é insaciável em si, como afirmam alguns, mas somente algumas vezes. Por isso, quem não estende seus desejos ao desnecessário, e se compraz com o necessário que provém da mão de Deus, se satisfaz com o que lhe é dado e na medida em que lhe é dado. Vive com pouco, porém feliz, porque terá menos distrações [não é tão solicitado em diversas direções]. Àquele, porém, a quem Deus e sua força não bastam, nada lhe é suficiente: será pobre, ainda que possua o mundo inteiro. A verdadeira arte, portanto, de se enriquecer em Deus, consiste em orar e trabalhar, em austeridade e sobriedade.

15. Da mesma forma, a regra de Cristo faz que o homem que se apoia em Deus e na virtude possa utilizar e desfrutar de seus bens sem problemas, e esteja protegido das desgraças. Porque, enquanto vive modestamente e satisfeito com o necessário, não se envolve com uma quantidade de coisas desnecessárias, assim como não provoca a cobiça alheia ou inveja da sua sorte, evitando que lhe coloquem armadilhas. Vive

tranquilamente para Deus e para si, em constante louvor a Deus, e com a mente sóbria, livre do tumulto das coisas, sempre ocupado com algo bom. E ainda que algum infortúnio o atinja, reflete sobre a condição humana e a Providência divina, que tudo governa, e tudo haverá de suportar.

16. O mesmo mandamento de Cristo permite que o homem dedicado a Deus e à virtude, e atento unicamente ao que é necessário, possa viver de forma honrada por uma via tríplice:
I. Não admitindo nada desonroso em si, nem nos outros, nem em coisa alguma.
II. Não tentando parecer bom, mas sendo-o de fato.
III. Ele mais respeita Deus, o protetor da verdade, e a sua própria consciência, evidência do seu íntimo, do que os seres humanos.
Quem vive assim será honrado por Deus, por seus anjos e pelos homens piedosos, como a imagem genuína de Deus, que é a verdade, tanto em sua vida pública como em sua intimidade. Não tem importância alguma se o povo o considera bom ou mau, porque o povo nada entende e, muitas vezes, admira mais o lixo do que um altar. Não te preocupes com a multidão e busca a honra verdadeira que se assenta no trono da virtude.

17. O mandamento de Cristo (sobre o único necessário) também tornará eloquentes os que o observam. Não se trata de loquacidade rebuscada, mas sim da capacidade de expor os pensamentos de forma clara e fluida. Porque quem reconhece o desnecessário e sabe distingui-lo do pouco necessário há de dizer verdades, e não dedicar-se a conversas fúteis. Sua fala será harmoniosa e coesa. Sobretudo as pessoas simples e os que falam pouco tornar-se-ão verdadeiramente eloquentes. Se falarem com Deus, sua oração se elevará do fundo do

seu coração como um alento da alma. Se falarem com os homens, suas palavras serão simples e verdadeiras, como ensinou o Mestre celestial: "Seja o vosso falar: sim, sim; não, não".

18. Por meio da observância da regra de Cristo, obtém mais facilmente a benevolência dos homens quem se dedica apenas aos seus próprios assuntos, mantendo-se distante de tudo o que não lhe diz respeito. Quem haveria de molestar, de modo intencional, quem vive para si mesmo e deixa os demais em paz?

19. Acima de tudo, entretanto, esse mandamento de Cristo é o guia mais seguro para se buscar e obter a benevolência de quem está acima de tudo e de todos: Deus. Se em cada coisa deve-se buscar o único necessário, isto é, o que constitui a sua essência, a sua medula, e da qual depende sua conservação, então é evidente que o próprio universo também precisa, forçosamente, de um fundamento sobre o qual tudo possa ser edificado. Essa base não pode ser outra senão Deus, o princípio primordial de tudo, a causa das causas, o fim dos fins, a forma original de todas as formas e a força motriz de tudo o que entra em atividade. Um devoto cumpridor do mandamento de Cristo, ao ponderar tudo isso, apenas pode concluir que, de tudo o necessário, o mais necessário é Deus. Assim como entendera antes que precisava voltar-se para si mesmo, afastando-se das coisas exteriores, do mesmo modo reconhecerá agora o único necessário: sair de si mesmo e regressar a sua origem, a Deus. Isso significa entregar o governo de si, que por direito lhe pertence, a Deus. Então a vida do homem estará a salvo, como disse Deus ao pai de todos os fiéis: "Não temas, Abrão, eu sou o teu escudo, o teu grandíssimo galardão" (Gn 15:1).

20. Exemplos concretos ajudarão a elucidar esse fato. Quem

deseja uma vida livre de labirintos, sempre que possível não há de envolver-se com assuntos que não lhe dizem respeito, seja sob a forma de fatos, palavras ou pensamentos. Observando meticulosamente esta regra, evita-se um labirinto incrivelmente grande. Para ver-se livre dos labirintos nos seus próprios assuntos, é preciso guiar-se pela moderação, contentando-se com pouco quanto à vestimenta, à moradia, à alimentação, aos serviçais, à mobília, às rendas e à riqueza. De tudo isso deve-se possuir apenas aquilo de que se necessita realmente, portanto nada supérfluo ou luxuoso. Também não é preciso sobrecarregar-se de amigos, bastando um ou dois para aconselhar-se.

21. Também há algumas indicações especiais sobre o único necessário para os diferentes grupos etários, isto é, para os jovens, os adultos, os idosos, bem como em relação à morte?

22. O que seria o único necessário para a juventude? Receber uma boa educação! Desde cedo a criança deve ser instruída sobre o que é necessário na vida, e ser mantida livre do desnecessário. Essa é a base da felicidade para toda a vida, pois o que se aprende na infância preserva-se durante toda a vida. Uma árvore cresce, conforme tenha sido plantada e regada. E conforme cresce, assim se enrijece, reta ou curva, produzindo estes e aqueles frutos. Daí a sentença de Salomão: "Educa a criança no caminho em que deve andar, e até quando envelhecer não se desviará dele" (Pv 22:6). E as palavras do próprio Deus: "Pode, acaso, o etíope mudar a sua pele ou o leopardo, as suas manchas? Então, poderíeis fazer o bem, estando acostumados a fazer o mal" (Jr 13:23).
Não é verdade que é mais fácil quebrar do que endireitar o que endureceu de forma errada? E quanto aos vasos de vidro ou de argila, não convém evitar que se quebrem, em vez

de consertá-los quando já quebraram? Assim também ocorre com a saúde do corpo e com tudo o mais.

23. Os jovens devem ser informados bem cedo sobre sua condição mortal, para que aprendam a viver como se tivessem apenas poucos dias de vida, como se esse breve lapso de tempo logo se esgotasse. Isso será útil para que aprendam a não confiar muito nesta frágil vida, mas sim preparar-se bem para o que há de vir.

Alguém poderia perguntar: Então devemos ensiná-los antes a morrer do que a viver? Resposta: Com certeza, se quisermos proteger os homens dos maiores perigos. Com efeito, o maior dos perigos é que o homem – jovem ou velho – seja arrebatado sem estar preparado. Começamos a morrer no momento do nascimento; nosso fim já começa no início, diz um sábio axioma. Portanto, não será tolice lembrar bem cedo os mortais do seu fim, para que levem isso em consideração a tempo e aprendam a ordenar sua vida conforme o previsto. Do contrário, certamente ignorarão o necessário, porque aprenderam o desnecessário. Desprezarão o necessário, porque se ocuparam com o desnecessário. E assim, quando precisarem do necessário, este os abandonará porque estavam entretidos com o desnecessário. Por essa razão, não há maneira mais perfeita de abordar a vida do que com base numa reflexão sobre a morte, e com o propósito de levar uma vida em temor a Deus a um bom fim, para que ela não culmine com uma morte má.

24. O que é necessário para quem aspira a uma vida honrada? Sêneca aconselhava escolher como exemplo um herói com algum tipo de virtude (Cipião, Catão, ou outros). Colocando tal herói como modelo e tendo-o sempre presente, o respeito ou a vergonha nos impediria de cometer algum mal. Não é um mau conselho. Nós, os cristãos, porém, temos

algo melhor e mais estimulante: ter a Cristo sempre diante de nossos olhos, como (1) o ideal de toda a perfeição, (2) sempre presente e ciente de todos os nossos atos e pensamentos, (3) e que, no final, será nosso juiz.

25. Contudo, poucos prestam atenção a isso. Quem não faz caso e pretende levar uma vida desenfreada teria de procurar um esconderijo onde não pudesse ser visto por Deus, nem por um anjo, nem criatura alguma. Porque se Deus o vir, julgá-lo-á conforme o encontre. Se uma criatura o vir, acusá-lo-á, mesmo que seja um pássaro (Ec 10:20). Até a pedra clamará da parede, até a trave do madeiramento testemunhará (Hc 2:11). Onde encontrar um cantinho assim tão escondido para pecar? Em parte alguma. Em consequência, refletindo que em nenhum lugar isso é possível, é melhor não pecar, mas sim trabalhar sempre para aperfeiçoar-se na virtude.

26. O que precisa fazer quem tomou tal decisão? Precisa começar, começar logo mesmo, e com seriedade. Quem nunca passa à ação não tirará nenhum proveito da teoria pura e simples. E quem não se encontra apto hoje, menos ainda o será amanhã. O que necessita, pois, quem começa? Seguir adiante, até que as primeiras dificuldades – que não hão de faltar – tenham sido superadas. De que necessita quem segue adiante? Perseverar, visto que "aquele, porém, que perseverar até o fim, esse será salvo" (Mt 10:22). Para agir assim, com verdade e retidão (sem nenhuma hipocrisia, simulação ou fingimento), é preciso acostumar-se desde a juventude. Porque o Deus da verdade exige um coração verdadeiro. Portanto, quem se apresenta perante os homens da mesma maneira que se apresenta a Deus e à sua consciência sempre persistirá. Do contrário, será dissimulação. E daí? Assim como o vento sopra para longe o joio mesclado ao trigo, a opinião pública também afasta o mentiroso hipócrita.

27. Como adulto devotado ao trabalho, o que se deve fazer para não entrar em um labirinto? Em primeiro lugar, deve-se sempre afastar o desnecessário, e também o menos necessário, para não enredar-se neles; o necessário deve ser reduzido a poucas coisas. A seguir, deve-se fazer cada trabalho separadamente, um após o outro, de forma ordenada e observando estas três regras:
1. Se tiveres sido encarregado de um trabalho, não espera que outro o faça, faze-o tu mesmo. Além de Deus, não confie em ninguém, a não ser em ti mesmo.
2. Não deixes para amanhã o que podes resolver hoje.
3. Tudo o que fizeres, faze-o com seriedade, para que possa ser útil.

28. Como se deve trabalhar?
1- Ter sempre um objetivo claro, único, fixo; se houver vários, subordinar os secundários ao principal (Quem persegue duas lebres ao mesmo tempo não caça nenhuma).
2. Deve-se aplicar um único método claro e fixo; se houver a necessidade de vários, é preciso ordená-los, de modo que eles se complementem e não criem obstáculos. Tolo é o caminhante (como o de Geiler), que carrega vários bastões, e também quem se sobrecarrega com fardos inúteis ou com excesso de utensílios, pois tais pessoas são obrigadas a andar devagar.
3. Um modo claro, único e fixo de utilizar os meios significa o modo confirmado pelos usos e costumes. Caso algo tenha de ser experimentado de forma nova, fazê-lo com o máximo bom senso.

29. O que fazer quando somos solicitados a resolver muitos assuntos de uma só vez? É preciso examinar qual é o mais necessário de todos e resolvê-lo em primeiro lugar, deixando de lado os demais. Caso vários assuntos sejam igualmente urgentes,

deve-se procurar ajudantes. Se não há ninguém a quem recorrer e tudo recai unicamente sobre ti, trata-os pela ordem de antiguidade, dando preferência aos de maior importância.

30. E no caso de muitas tarefas de extraordinária importância? Então é preciso toda a força do espírito e do corpo, bem como grande sensatez. Talvez até mesmo o conselho de um amigo, quando se duvida da própria capacidade. E acima de tudo, precisa-se da misericórdia divina, para que a obra seja abençoada, como também da benevolência dos homens, para evitar a inveja. Quem inicia algo grande sem esses dois elementos acabará arrependendo-se depois.

31. O que fazer se, ao mesmo tempo, surgirem situações de perigo, ou tantas complicações que não se sabe para onde voltar-se? Nesse caso, só resta uma coisa: buscar refúgio junto a Deus, dizendo como Josafá: "Porque em nós não há força perante esta grande multidão que vem contra nós, e não sabemos o que faremos; porém, os nossos olhos estão postos em ti" (II Cr 20:12).

32. O que necessita um homem para ser invencível em suas obras? Não começar nada que não seja capaz de levar até o fim. Porque, assumindo tarefas que superem suas forças, necessariamente irá cansar-se e, em consequência, será derrotado ou terá de abandoná-las, dando ensejo a zombaria.
Quem for inteligente, que siga o exemplo de Davi, que não elevava o coração e os olhos com orgulho, e não iniciava empreendimentos inadequados (Sl 131). Se Deus quiser recorrer a ti para algo extraordinário, ele mesmo te conduzirá com a sua mão, como conduziu Davi. "Entrega o teu caminho ao Senhor; confia nele, e ele o fará" (Sl 37:5). Se queres antecipar-te ao Senhor, tu e teus empreendimentos virão abaixo.

33. O que se exige de nós particularmente quanto aos assuntos alheios que nos foram confiados? Lealdade, isto é, agir com seriedade, rapidez e discrição, conforme exige a questão. Não digas, pois, que farás algo, mas faze-o; e não te vanglories da tua ação, mas deixa que o trabalho bem feito fale por si mesmo.

34. O que é necessário nos bons tempos? Alegrar-se e louvar a Deus com cânticos (Tg 5:13). Quando a fortuna sorri, é justo sorrir para ela; e o mesmo permite Cristo aos seus, mas sem prazeres excessivos, em que a carne predomine sobre o espírito.

35. E nos maus tempos? Entristecer-se, gemer, orar (Tg 5:13). Porque cada infortúnio que nos leva a refugiar-nos em Deus, a fonte do bem, transforma-se em bênção.

36. De que precisa o avaro? De um ponto de paz que possa deter sua avidez. Ele precisa de calma para contentar-se com o que possui. Quem tem o que lhe basta nunca será pobre. E vice-versa: se o que ele tem não é suficiente, então nunca será rico.

37. O que é necessário para ver-se livre de dificuldades durante toda a vida? Em seu interior, é preciso escapar continuamente de seus vícios. E em seu exterior, evitar múltiplas ocupações e as multidões. O que é necessário para fugir dos vícios? Trata-se de uma tentação da carne? Então foge como José (Gn 39:12). Caso Satanás insinue outras tentações, resiste, a exemplo de Cristo, até que Satanás fuja (1 Pd 5:9; Tg 4:7). E como evitar a multidão? Quem quiser escapar da agitação da vida deve relacionar-se com poucas pessoas e apenas em situações necessárias. Uma vez feito o que era preciso, volta, em seguida, para ti mesmo e os teus, procedendo assim durante toda a tua vida.

38. Quando um ancião pode considerar-se feliz? Platão considerou feliz aquele a quem foi dado encontrar a verdade a respeito das coisas, mesmo que isso aconteça em idade avançada e após passar a maior parte da vida no erro. Na sua opinião, a juventude e a idade adulta geralmente são crivadas de erros. Assim é, com efeito, pois erra não apenas o nosso intelecto, mas também, nossa vontade, por meio da qual os atos são executados. Feliz do ancião que encontrou o fim dos labirintos da vida, conseguiu deter suas pedras de Sísifo e atingir o objetivo de seus desejos. Por isso, Davi chama de feliz o ancião a quem Deus concede, por suas virtudes, o rejuvenescimento da águia (Sl 103:5). O que lhe reste por fazer, que seja sublime, voltado para o céu e a nova vida. Tal pessoa é como uma árvore velha que, embora menos produtiva, ainda dá frutos até mais saborosos e doces. Um ancião, ao descobrir erros em si mesmo ou nos outros, deve corrigi-los antes do final da vida, para a morte não surpreendê-lo em situação incorreta e ele perca o prêmio da vida. Assim como o atleta que corre num estádio recebe o prêmio de sua vitória somente no final da competição, também a coroa de louros de uma vida respeitável chega apenas na hora da morte. E uma vez perdida, não há como remediar após a morte; resta lamentá-lo eternamente.

39. Então, a arte de morrer é a maior entre as artes? Certamente, pois a morte é a última linha no livro da vida. E tudo somente é bom quando o final for bom. Seríamos infelizes se nossa morte apenas pusesse fim a uma vida efêmera tão penosa. Mas seríamos muito mais infelizes se as aflições temporais fossem substituídas por outras, eternas.

40. O que é necessário então para morrer a boa morte? Estar bem preparado para aquele momento inevitável, de modo a não se ver empurrado para lá a contragosto, mas ir de boa

vontade, obedecendo às leis do destino. Assim como o sábio levanta-se de um banquete com modéstia e dignidade, assim deve-se retirar da vida, como quem deixa uma cena. Somente pode esperar uma morte elevada aquele para quem a vida terminou bem. Querer morrer bem sem antes ter vivido bem é um desejo tolo. Isso é impossível, por ser contrário às leis da justiça. Já que a morte é o ponto do qual pende a eternidade, nada na vida é tão importante quanto uma boa preparação para um final abençoado.

41. Em que consiste tal preparação? Colocar em ordem tudo o que ainda precisa ser resolvido, em relação a si mesmo, ao próximo e a Deus. Com respeito a si mesmo: fazer perecer antes da própria morte a causa da morte – os pecados –, para afastar qualquer temor no momento de deixar este mundo. Mas se "o nosso coração não nos condena, temos confiança diante de Deus" (I Jo 3:21). Com respeito ao próximo: que nos reconciliemos de todo o coração com todos, enquanto estivermos juntos no caminho. "Concilia-te depressa com teu adversário, enquanto estás no caminho com ele..." (Mt 5:25). Com respeito a Deus: de modo a ter certeza de que, pela fé em Cristo, encontremos a paz em Deus (Rm 5:1–2). E assim, finalmente, vendo que foi realizado tudo o que devia ser cumprido na vida, poderás dizer com alegria, enquanto entregas, com Cristo, teu espírito ao Pai: *Consumatum est.* E com Paulo: "Combati o bom combate, completei a carreira, guardei a fé. Desde agora a coroa da justiça me está guardada..." (II Tm 4:7). E assim, na certeza de que nada do que se faça aqui permanece, apressar-te-ás a passar, com satisfação, do trabalho ao descanso, dizendo uma vez mais com o apóstolo: Desejo dissolver-me e estar com Cristo. Finalmente, verás, como Estêvão, o céu aberto diante de ti, "e o Filho do Homem, em pé à destra de Deus".

E exclamarás com ele: "Senhor Jesus, recebe o meu espírito" (At 7:56 e 59).

42. E depois da morte, o que é necessário ao homem? Para o respeito à alma, os anjos, que a conduzirão ao céu. Para o respeito ao corpo, amigos, que cuidem da sua sepultura. E, por último, deixar entre os homens a recordação de uma pessoa honrada. Não obstante, se faltarem estas duas coisas (como acontece em caso de martírio dos servos de Deus), a primeira basta em si, pois ela é a única necessária.

Capítulo VI

Como eruditos e cientistas, com a ajuda da regra de Cristo sobre o único necessário, podem reconhecer e neutralizar seus próprios labirintos e os das escolas, suas pedras de Sísifo e suas ilusões de Tântalo.

1. O que é necessário para o homem em si? O homem precisa de sabedoria, isto é, encontrar a forma correta de conviver com as coisas, com os homens e com Deus. À primeira denominamos Filosofia, à segunda, Política, à terceira, Religião. Sem conhecimento ou uso delas, o homem não seria homem, mas um ser irracional, mesmo que estivesse rodeado por todos os lados de riquezas, honrarias e das comodidades da vida. Porque de nada serve ao enfermo uma cama de ouro nem a um tolo, uma fortuna esplêndida. Salomão diz: "O sábio tem os olhos na cabeça, mas o insensato caminha nas trevas" (Ecl 2:14). Com isso ele indica que o objetivo da educação e da sabedoria é fazer que o homem ande por si, em vez de seguir o rebanho, como um animal; que veja claramente por si mesmo o caminho da vida à sua frente e nele permaneça. Ele deve aprender do passado, conhecer conscientemente o presente e antever o futuro.

2. São necessários muitos meios para acender essa luz da sabedoria? Não muitos, se os homens deixassem a mão de Deus guiá-los: apenas o temor a Deus, a oração e três livros. O temor a Deus é necessário para que ninguém se precipite deliberadamente ou com leviandade, por insensatez ou movido pela curiosidade, sobre algo tão santo como tornar-se igual a

Deus. A atitude correta é de humilde reverência. "O temor do Senhor é o princípio do conhecimento" (Pr 1:7). A oração fervorosa é necessária para dar testemunho incontestável de que nos acercamos dessas fontes da salvação sem confiar absolutamente em nós, mas apenas com a esperança da divina misericórdia. Ao pedirem somente sabedoria, em vez de todos os outros bens, Salomão e Daniel foram mais sábios que os demais mortais. Da mesma forma, a sabedoria foi prometida a todos os que a pedirem a Deus (Tg 1:5).

A fonte da sabedoria é o verbo de Deus nos céus (Eclo 1:5), e a palavra de Deus se manifesta de três maneiras:

1- como luz da mente, concedida às criaturas racionais, isto é, aos anjos e aos homens;

2- como marca gravada em todas as criaturas que povoam o mundo;

3- como palavra expressa aos escolhidos de Deus, e registradas por sua ordem nos escritos proféticos.

Consequentemente, três caminhos levam à sabedoria:

1- Uma mente sã, dotada da capacidade natural de entendimento, para ser iluminada pela razão.

2- Um mundo cheio de criaturas, que o homem pode subjugar com auxílio da razão.

3- A Bíblia, repleta de mistérios revelados, para serem explorados com auxílio da fé.

Esses três livros de Deus contêm tudo o que o ser humano precisa saber. Portanto, eles são o único necessário para se adquirir a sabedoria.

3. É fácil ou trabalhoso obter a sabedoria? Ambas as coisas. Se considerarmos que, segundo o plano de Deus, nossa alma foi criada à imagem e semelhança de Deus, ela deveria ser pura alegria e felicidade paradisíaca. No entanto, tudo se degenerou e desfigurou, de forma que por toda parte nos esperam

labirintos, trabalhos intermináveis de Sísifo e desenganos de Tântalo.

4. É preciso esclarecer melhor isto. A Filosofia, segundo a intenção de Deus, deve ser apenas o legítimo domínio do homem sobre todas as coisas e criaturas inferiores, coroado de contemplação amorosa, manejo razoável e uso prudente. A Política, segundo a lei natural, nada mais é do que o acordo para a convivência entre os homens, que devem aconselhar-se e ajudar-se mutuamente, tendo em vista o bem comum. Sua máxima é: Faz aos demais o que queres que te façam e vice-versa; não faças a outros o que não queres que façam a ti. Quanto à Religião, sua essência consiste em crer em Deus, quando nos revela as coisas que lhe agradam, obedecer seus mandamentos, confiar em suas promessas sempre e em qualquer circunstância.

5. Tudo isso parece muito fácil de observar. E seria, se os homens não tivessem abandonado os jardins de Deus, permitindo que se enchessem de ervas daninhas e espinhos, até se transformarem em matas intransitáveis. Mas é tão grande a quantidade de fenômenos e temas, e infinitas as questões que eles suscitaram! Inumeráveis também são as opiniões acerca das questões controversas. Tanto é que inúmeros livros, supostamente eruditos, foram escritos sobre tudo isso, nas mais diversas línguas. Essa diversidade também diz respeito aos métodos formulados para transmitir os supostos conhecimentos às futuras gerações. Desse modo, só aumentaram as dificuldades, e escritores e estudiosos veem-se forçados a percorrer labirintos infinitos, a empurrar rochas e a sofrer renovados enganos e frustrações.

6. Falas seriamente? Afirmas que são precisamente labirintos essas coisas criadas com maestria por Deus, como o espírito

humano, o mundo e sua própria palavra? Digo-o porque sua quantidade e diversidade são tão grandes que em vão se procura pelo início e o fim. Na realidade, a palavra divina tem um alcance tão profundo e tantos significados que até hoje a mente humana nunca conseguiu sondar e compreender. Podem-se contar, por acaso, os tratados a esse respeito, escritos por físicos e metafísicos, matemáticos e historiadores, políticos e teólogos? Podem ser contadas as controvérsias que surgem diariamente sobre todas essas obras e questões, ou as opiniões divergentes que elas provocam? Por que, então, a sabedoria infinita de Deus teria liberado para investigação esses tesouros? Não teria sido para que a mente humana buscasse incansavelmente sem nunca encontrar o fim? De forma alguma. Apenas para que conheça com maior clareza a diferença entre ela, a criatura, e o Criador. Uma diferença como entre alguns riachos e o manancial.

7. Se esse é o objetivo, então uma escola para essa interminável reflexão é proveitosa? Ela o seria, se os homens fossem modestos, comportando-se como humildes discípulos da eterna sabedoria. Mas geralmente agem com leviandade. Encantados com suas próprias suposições, em vez de adorar o sol, contentam-se em adorar as faíscas de sua mente, e ainda pretendem que os demais também o façam. Essa é a fonte de todas as afirmações e contestações denominadas de controvérsias ou "disputas científicas". O mundo encheu-se delas de tal forma que por todo lado somente há dissensões e inimizades, e labirintos sem fim.

8. Entretanto, também temos livros que reuniram uma seleção de observações corretas. Eles não auxiliam a encontrar a sabedoria? Esses livros, de fato, deveriam ser antídotos para os erros, indicando ao homem, cujo intelecto tende a confundi-lo, o caminho certo. Mas do jeito que as coisas estão agora,

se alguém lançar-se sobre eles, sem ter ao menos uma noção prévia (que lhe sirva de fio de Ariadne), são verdadeiros labirintos. Em primeiro lugar, os livros são tão numerosos que uma vida humana não basta para ler nem a milésima parte. A matéria de que tratam é por demasiado vasta para que um cérebro possa dominá-la sem ser arrastado inevitavelmente por esse redemoinho. Um grande número de livros, por isso, serve de enfeite nas estantes. Muitos têm conteúdo frívolo e servem mais para confundir a mente do que instruí-la, tendo, portanto, efeito nocivo. Por essa razão existem legiões de pseudossábios e de tolos eruditos. E, no entanto, há escassez de verdadeiros sábios. "Porque está escrito: Destruirei a sabedoria dos sábios. E aniquilarei a inteligência dos inteligentes" (1 Co 1:19). Ao ver um grande volume, ou contemplar uma farta biblioteca, na verdade deveríamos sentir compaixão pelos seres humanos se atormentarem dessa maneira, com tantos labirintos, sem conseguir nada. Assim como as iguarias, que inicialmente despertam o apetite dos gulosos, depois os enganam, trazendo náusea, enfermidades, e até a morte prematura, da mesma maneira, muitos livros atraem os sedentos de conhecimentos e seduzem a mente de forma perigosa, pois levam a alma à náusea, a enfermidades e à morte.
Se nada for feito para deter esse crescimento incontrolado e contínuo, esse dilúvio de livros, os mais sensatos temem que, em breve, os homens já não lerão nada, ou não acreditarão em nada, de modo que o ateísmo e a descrença tomarão conta de tudo. O início desse processo já pode ser observado por toda parte, mas sobretudo entre os povos que se julgam mais cultos.

9. Então, o que aconselhas para a leitura dos livros não ser um labirinto? Nisso também é preciso ater-se ao único necessário, não deixando que o desnecessário nos enrede – esse é o único conselho. Não é preciso ler muitos livros, somente os bons.

Para isso, convém escolher o que for melhor em uma matéria, o livro clássico para o tema em questão, que transmite a verdade objetiva. E ficar somente com ele, lê-lo com atenção, tomando nota do que for importante, e esquecendo-se do autor para evitar confusões. Depois, reler as anotações. Quando o que foi lido ficar gravado na memória, é preciso aplicá-lo na prática.

Esse é o caminho para que a concepção dos bons autores se transforme em carne e sangue, de modo a alimentar-nos com a medula da sabedoria, e não a tenhamos no papel, mas sim no coração e na cabeça. Se as escolas decidissem seguir esse método, poderiam evitar muitos labirintos e descaminhos, não apenas para si mesmas e para a juventude, mas também para a Igreja, a Política e o mundo.

10. Tu te atreves a exigir tão pouco com relação a algo tão importante? Sim, porque Cristo, o grande mestre, disse: "Eu sou a luz do mundo. Quem me segue não andará em trevas, mas terá a luz da vida" (Jo 8:12). Isso é válido sobretudo se o homem decide seguir radicalmente este guia e sua luz, deixando de lado todos os livros humanos e buscando iluminação apenas nos divinos. O que seria comparável a escolher, como Maria, a melhor parte. Isto é: ficar aos pés de Cristo, confiante e atento em suas palavras, como que suspenso unicamente de seus lábios e esquecer-se de tudo o mais.

11. No entanto, também os livros divinos não parecem labirintos para a mente humana, por conterem trechos enigmáticos, indecifráveis e um profundo sentido? Sim, com efeito, principalmente para o iniciante, que os lê pela primeira vez. Porém, as dificuldades não são tão grandes quanto parecem. Porque um construtor tão perfeito como Deus apenas poderia construir os cenários de sua sabedoria (o mundo, a mente humana e o sistema de sua palavra) com uma simetria igualmente

perfeita. E como não existe erro algum na perfeição, nenhum pode ser encontrado tampouco naqueles que se entregam a Deus como discípulos humildes e atentos. Contudo, se acaso a imperfeição humana levar alguém a errar o caminho, com a orientação de Deus "porque é ele mesmo quem guia a sabedoria e emenda os sábios" (Sb 7:15), o erro não será tão prejudicial como os cometidos por quem renuncia a Deus e segue outros guias. Finalmente, não faltam, pela graça de Deus, algumas diretrizes, cuja justa observação permite percorrer todos os cenários da sabedoria de Deus (o livro da natureza, o livro da mente e o livro da palavra de Deus), de modo agradável e seguro.

12. Quais são essas diretrizes? São principalmente estas três:
I. É preciso procurar no lugar certo o que se deseja encontrar: procurar a si mesmo na própria pessoa, o mundo no mundo e Deus em Deus;
II. É preciso empregar os meios adequados, isto é, os órgãos apropriados a cada busca: examinar o mundo à luz dos sentidos, a mente, à luz da razão, e examinar a Deus à luz da fé. Porque o mundo visível, material, está sob o completo domínio dos sentidos; todas as atividades da mente são reguladas pela razão; e toda revelação é adquirida pela fé;
III. Finalmente, fazer que tudo esteja em harmonia, para que nunca se produza dissonância alguma entre os pensamentos, as palavras e as ações de Deus por um lado, e nossos sentidos, nossa razão e nossa fé, por outro. Somente então a luz e a verdade se elevarão, para a glória de Deus e nossa salvação.

13. Explica com maior clareza o que é preciso considerar para um exame meticuloso do livro da natureza não transformar-se num labirinto, mas conduza a um jardim de delícias.
Primeiro, deve-se observar a que reino da criação algo pertence. Em seguida, considerar as criaturas individualmente,

a começar pelas que simplesmente existem. Por exemplo, os quatro elementos, e os sólidos que deles surgiram, tais como os corpos celestes, os metais e as pedras. A seguir, as que possuem, além disso, a vida e por essa razão se reproduzem, vivem e morrem, como as árvores e as plantas. Em terceiro lugar, as que, além disso, sentem, percebem e podem deslocar-se, como os animais de todas as espécies. Finalmente, homens e anjos, a quem foi outorgada a faculdade do conhecimento, para que se esforcem em tornar-se a imagem de Deus. Ou também poderíamos dividir as criaturas corpóreas em cinco grupos (de acordo com o número dos sentidos): a visão, a audição, o olfato, o paladar e o tato, e analisá-las atentamente, uma a uma, e assim sucessivamente.

14. Mas, a mente humana também não é um caos e um labirinto? Não, se ela se mantiver dentro de seus limites. A que limites te referes? Às noções que nos foram dadas por Deus, de número, peso e medida. Depois que Deus, o Criador, ordenou todas as coisas no mundo de acordo com números, pesos e medidas (Sb 11:20), gravou esses mesmos números, pesos e medidas na mente humana, imagem da sua, para que, contando, pesando e medindo tudo, pudesse conhecer qualquer objeto que tivesse à frente e, com base nisso, deduzir sua utilidade. Para esse fim, dotou-a de três tipos de instrumentos:

I. Certas ideias inatas, que iluminam o intelecto.

II. Certos instintos ocultos, que impulsionam a vontade a escolher o bom e a rechaçar o mau.

III. Certas faculdades e órgãos que lhe conferem a força para perseguir e alcançar o bem, e para fugir e escapar do mal.

Esses três instrumentos encontrados em todos os homens abrangem toda a área da compreensão, da volição e da ação. Geralmente eles são denominados de conhecimentos, instintos e faculdades. Se tudo isso for cuidadosamente ordenado nas devidas categorias (coisa que ainda não se fez), não se estará diante de um labirinto, e sim de um acampamento perfeitamente alinhado, ou um jardim prazeroso, em condição de oferecer a quem o adentre muito mais delícias do que o imenso macrocosmo.

15. Como contemplar o livro da palavra de Deus, a Bíblia, de forma satisfatória e proveitosa?

Isso é possível na firme convicção de que este livro é a epístola divina dirigida ao gênero humano. Por meio dela é feito um convite aos homens, para que deixem o mundo transitório e penoso, e se voltem à alegria eterna de Deus.

Nela Deus oferece aos homens sua revelação. Exige, contudo, obediência e promete muito mais do que este mundo pode dar-lhes. Por isso, o estudo dessa escritura deve ser totalmente distinto do que é dedicado aos livros humanos comuns.

16. Em primeiro lugar, o leitor da Bíblia deve estar convencido de que esse livro nos foi dado por Deus, a nós, os expulsos do Paraíso, como uma enérgica advertência contra a nossa tolice, porque nos afastamos da fonte da vida, Deus, precipitando-nos no infortúnio. A Bíblia nos remete, finalmente, à misericórdia divina oferecida aos arrependidos. Portanto, é um livro de urgente necessidade, como nenhum outro sob o sol. Ele nos leva ao caminho para escapar à perdição eterna e conquistar a vida eterna.

17. Para sondar a essência mais profunda da Bíblia, pode-se subdividi-la em três partes: a revelação, os mandamentos, as promessas. A revelação pode ser captada por meio da fé. Os mandamentos relacionam-se à obediência. E as promessas devem ser admitidas com base na confiança em Deus. Porque a

Bíblia revela aos que amam a Deus "as coisas que o olho não viu, e o ouvido não ouviu. E não subiram ao coração do homem" (1 Co 2:9–10). Isso quer dizer: o homem não poderia alcançar o que Deus nos revela nem por meio dos sentidos, nem da razão. Pensemos, por exemplo, no que existiu antes da criação do mundo; no que existirá quando o mundo já não existir; o que acontece agora fora do mundo, ininterruptamente, no próprio coração de Deus, e quais são os seus pensamentos a nosso respeito. O que Deus revela a seus fiéis por meio do Espírito Santo nós apreendemos pela fé, que é mais segura do que qualquer prova visível (Hb 11:1).

A natureza dos preceitos das Escrituras Sagradas é tal que o homem, valendo-se apenas de suas forças naturais, não poderia cumpri-los sem o auxílio do Espírito Santo. Renascer é exigido de nós. Que nos transformemos em outro homem, novo, celeste, à imagem de Deus; o que apenas pode ser atingido entregando-nos a Deus plenamente e submetendo nosso ser, com absoluta humildade, à vontade divina. As Escrituras Sagradas prometem, enfim, o que nenhum homem ou anjo pode prometer-nos, e que supera os limites do mundo, isto é: a vida eterna com todas as suas torrentes de alegria. Deus promete a quem caminha com um coração puro diante dele a própria fonte de toda bem-aventurança, que é ele mesmo (Gn 15:1). O que é inacessível a toda esperança humana, os fiéis obtêm na esperança depositada em Deus. E, assim, estão mil vezes mais dispostos a renunciar a todos os sentidos, a renunciar a todos os preceitos da razão e apartar-se até mesmo da vida presente e tudo o que pertence a esta condição mortal, do que deixar de apressar-se em direção ao imortal, imperecível. Assim testemunha o apóstolo, elogiando a atuação dos santos de outrora (Hb 11:2).

18. Quem quiser extrair da palavra de Deus a luz, a verdade e uma força supra-humana de fé, amor e esperança, deverá

dedicar-se à Bíblia muito mais do que a qualquer outro livro humano, consultá-la com grande prudência e não realizar esse estudo de forma teórica, mas entendê-lo como uma prática constante.

19. O estudo da Bíblia requer grande atenção porque ela contém tesouros de luz, verdade e salvação mais valiosos do que tudo o que se conhece. Eles foram prometidos apenas aos que buscam, pedem e chamam com insistência (Mt 7:7). "Não se aparte da tua boca o livro desta lei; antes medita nele dia e noite, para que tenhas cuidado de fazer conforme a tudo quanto nele está escrito; porque então farás prosperar o teu caminho, e serás bem sucedido" (Js 1:8). Por isso diz Davi ser feliz quem "tem o seu prazer na lei do Senhor" (Sl 1:2). "Oh! Quanto amo a tua lei! É a minha meditação em todo o dia. Tenho mais discernimento do que todos os meus mestres, porque os teus testemunhos são a minha meditação. Entendo mais do que os antigos; porque guardo os teus preceitos" (Sl 119:97, 99, 100).

20. Entretanto, é necessário ser mais cuidadoso ao pesquisar na Bíblia do que ao fazê-lo em outros livros, porque nela aparecem mescladas a luz e as trevas, o verdadeiro e o falso, a sabedoria e a estupidez, a lealdade e a traição, o amor e o ódio, a esperança e o desespero, a salvação e a perdição.
Assim como não havia unicamente a árvore da vida no Paraíso terrestre, mas também a árvore do conhecimento do bem e do mal – cujo fruto proibido ao ser comido significava a morte – o mesmo acontece também nesse Paraíso espiritual. Nele, a árvore da vida é representada pela revelação, os mandamentos e as promessas de Deus, com os exemplos dos santos que os seguiram por amor. A árvore do conhecimento do bem e do mal é representada pelos segredos, as proibições e as

ameaças, com os exemplos dos que os violaram e nem se incomodaram com isso, como também dos insensatos, que não sabem o que é temor nem cautela. Quem entra, pois, nesse Paraíso de Deus, a Bíblia, deve entrar com o firme propósito de permanecer sob a árvore da vida e evitar a árvore do conhecimento do bem e do mal. Isso significa estudar a Bíblia não com o objetivo de aumentar sua erudição, mas de tornar-se santo. Quem se aproxima da Bíblia sem essa intenção facilmente cairá em armadilhas. Contudo, quem busca somente o melhor, isto é, o caminho da vida, este não apenas há de encontrá-lo, como também descobrirá a própria vida. E lhe será dado por acréscimo o que não se atreve a buscar: a compreensão dos mistérios de Deus, antes de quem a busca por por mera curiosidade. Como todo pesquisador deve conhecer esse método prático, convém explicá-lo melhor.

21. As Escrituras Sagradas são um livro inteiramente prático, no qual Deus coloca sua causa diante da criatura rebelde, expondo, em diversas ocasiões e de diversas maneiras, a justiça de seu juízo. Ele mostra aos homens o que precisam saber. Ordena-lhes o que devem fazer. E, aos que o obedecem, promete o que devem esperar. Apresenta ainda exemplos de como abençoa os piedosos e trata com rigor os ímpios. Quem quiser, pois, compreender adequadamente todo o processo de Deus contra o gênero humano e seu sedutor, Satanás, e aprender do infortúnio alheio, deve fazer o seguinte:

Em primeiro lugar, partir da firme convicção de que, hoje, a condição do gênero humano não é diferente da de outrora. Porque segundo os desígnios insondáveis de Deus, todos os mortais têm a escolha entre o mais elevado e o mais baixo, entre a justiça e o pecado, a vida e a morte. O vitorioso obterá a coroa da vida eterna, mas quem for vencido afundará na morte e na perdição (4 Esdras[1] 7:58).

Em segundo: estar igualmente convencido de que Satanás continua o mesmo de outrora, isto é, o inimigo de nossa salvação, invejoso da bem-aventurança que nos foi prometida. Constantemente à espreita e de mil maneiras ele procura enganar-nos, e nenhum mortal está seguro diante dele em momento algum. Pensemos que Deus sempre observa nossa luta contra Satanás. E Deus nunca abandona os homens quando eles não o abandonam. A História Sagrada dá vários exemplos disso, além de desmascarar as diversas armadilhas com as quais Satanás captura os homens; ela contém ainda as mais variadas advertências e muitas formas do apoio com as quais Deus acorre em nosso auxílio. Isso ocorre, às vezes, por meio de palavras suaves e instruções benéficas, outras vezes com reprimendas e ameaças, seja com sinais e prodígios insólitos, seja com castigos e golpes diversos. Além disso, a Escritura Sagrada também relata tudo o que Deus tem feito pela humanidade ao longo dos séculos.

Portanto, não deves considerar nada disso alheio a ti, pois cada ser humano leva em si dois tipos de semente, a semente do bem, de quem dá todos os bons talentos, Deus, e a do mal, a semente do mau semeador, Satanás.

Assim como todo homem é um mundo em miniatura, que possui seu céu e sua terra, água e fogo, matéria e espírito, luz e trevas, movimento e quietude, da mesma forma também toda a história da humanidade, descrita por Deus, reflete-se em cada ser humano em particular. Cada indivíduo tem seu Deus e seu diabo, seu paraíso e seu inferno, sua árvore da vida e da morte, suas tentações e lutas, suas vitórias e derrotas, seu Caim e seu Abel. Em suma: cada qual leva a semente

[1] Texto apócrifo incluído em um Apêndice da Vulgata, a Bíblia em latim, e eliminado pelo Concílio de Trento (1545–1563).

da mulher e a da serpente, que se combatem mutuamente e querem prevalecer.

22. Por isso, cada vez que um cristão lê a Escritura Sagrada, é de suma importância que não a considere um livro, algo alheio ou externo a si, que não lhe diz respeito, mas que se reconheça refletido nas situações de vida semelhantes. Ele sempre deve colocar-se no lugar de quem se trata ali, seja este piedoso ou ímpio, relacionando a si mesmo tudo o que nesse relato se diga ou faça. Da altura de sua eternidade, Deus tem sempre em vista o panorama de todos os tempos, e sabe o que acontece em qualquer momento e lugar. Ele é sempre e eternamente o mesmo imutável Deus. Disso resulta o seguinte: o que tenha dito ou feito certa vez a um homem, necessariamente dirá ou fará sempre a todos que estiverem nas mesmas circunstâncias. Ele age como sempre, de acordo com a lei de sua eterna justiça, recompensando o bem com o bem, pagando o mal com o mal. Experimenta, piedoso cristão, se ainda não o tiveres feito! Começa a ler, assim, a Bíblia e a entender o código bíblico, esforçando-te com fervor para fazer o que é agradável a Deus, rechaçando com vigor o que o desagrada. Então verás como avanças de luz em luz e de força em força, até a presença do Deus dos Deuses em Sião (Sl 84:7).

23. Se a primeira tentativa de emprego desse método não render imediatamente frutos maduros, não há por que desesperar-se, pois para tudo há etapas de desenvolvimento e jamais coisa alguma nasceu madura.

Assim como as escolas cristãs organizadas racionalmente dividem-se em classes, da mesma maneira também a escola suprema da sabedoria de Deus, baseada na Bíblia, pode ser dividida em graus. Seu objetivo é o mesmo que o dos apóstolos: instruir os homens em toda a sabedoria, representada na

perfeição de Cristo, para "perante ele vos apresentar santos, e irrepreensíveis, e inculpáveis" (Cl 1:22). Para tal, é preciso desenvolver três atividades:
1- Conhecer todos os relatos bíblicos;
2- Perceber o verdadeiro significado das três virtudes, a fé, o amor e a esperança;
3- Revestir-se do novo homem criado segundo Deus na verdadeira justiça e santidade (Ef 4:24; Cl 3:10; II Co 3:18). Expressando-se em termos militares, o primeiro grau seria como a instrução dos recrutas do cristianismo; o segundo, a própria campanha; o terceiro, a vitória e o triunfo. Ou então, usando um exemplo do Antigo Testamento, na primeira etapa os cristãos se assemelhariam aos levitas, que prestam serviço no átrio do templo; na segunda, seriam como os sacerdotes, exercendo seu ofício no Santuário; na terceira etapa, cada cristão que se tornou perfeito e semelhante a Cristo seria equiparável ao sumo sacerdote revestido de santidade, preparado para entrar no Santo dos Santos, no céu.

24. Portanto, unicamente a Bíblia constituiria tudo para os cristãos, o único necessário? Assim é, se buscarmos a sabedoria pela vontade divina, confiantes como Maria aos pés de Cristo. De fato, a Escritura Sagrada é o caminho da sabedoria. Mas os outros dois livros – o do mundo e do espírito humano – não nos foram dados em vão. Eles devem preparar o caminho e esclarecer-nos sobre as necessidades exteriores da vida, para não agirmos de forma tola no mundo, enquanto buscamos a eternidade. Grande é a força desses dois livros divinos para fazer-nos avançar até o mais alto grau de sabedoria, como nos demonstrou admiravelmente, dois séculos

atrás, Raimundo de Sabunde[2] em sua obra *Teologia natural ou Livro das criaturas*.[3] Nesse livro, todas as criaturas são classificadas em quatro categorias: seres que simplesmente existem; seres que levam uma vida vegetativa; seres que sentem; e seres que dispõem de razão. E o autor explica tudo o que se refere ao conhecimento de Deus e do homem, à eterna glória daquele e à salvação deste, com argumentos tão convincentes que não podem ser contestados. O livro tem 330 capítulos e foi editado em Veneza, Lion e Frankfurt. Entretanto, devido à sua extensão, às frequentes repetições e à aspereza de seu estilo (consequência da barbárie de seu tempo), é pouco conhecido e teve menos leitores do que seria desejável. Por esse motivo, editamo-lo recentemente em Amsterdã, de forma mais resumida e clara. Mas mesmo nesta forma ficou como mercadoria sem comprador, pois o mundo não distingue entre pérolas e lixo, e prefere perder-se em seus labirintos do que procurar o fio de Ariadne que lhe é oferecido para encontrar a saída.

25. Por outro lado, a esperança e o anseio por maior iluminação levaram-me a redigir ainda um breve resumo dos livros de Deus. Iniciei essa obra denominada *Sabedoria universal Cristã*,[4] mas não se deve entender por isso outra coisa senão um registro contínuo do que é necessário para o ho-

[2] Raimundo de Sabunde, médico e teólogo espanhol, nascido em Barcelona em 1385 e falecido em 1436, em Toulouse.

[3] *Theologia naturalis seu Creaturarum liber*. A obra mais importante de Sabunde, na qual distingue duas fontes de conhecimento: *O Livro da Revelação e O Livro da Natureza*.

[4] *Pansophia christiana*. Comênio, porém, não publicou nenhuma obra com esse título. Alguns títulos pansóficos de sua autoria são: *Prodromus pansophiæ*, *Via lucis* e *Pansophiæ diatyposis*.

mem. Quando uma pessoa anseia sinceramente algo relacionado com esta vida ou com a futura, então essa obra poderá mostrar-lhe os meios e a forma de aplicá-los para encontrar o caminho certo, e atingir sempre o objetivo. Acredito que esta obra, se puder terminá-la, poderá ser de grande utilidade, não apenas para os estudiosos e as escolas, mas para o gênero humano, pois será um auxílio como o fio de Ariadne, para que se encontre a saída do labirinto deste mundo. Não obstante, alguns já a reprovaram como sendo uma curiosidade inútil, ou um empreendimento impossível. Poucos a valorizaram e me encorajaram a continuá-la. Mas ninguém quis ajudar-me, embora os entendidos reconhecessem que uma obra de tal magnitude exceda as forças de um único homem.

26. Que conselho se pode extrair desse mandamento de Cristo para as escolas? Caso decidissem segui-lo, chegariam forçosamente à conclusão de que necessitam seguir a um só mestre, Cristo, abandonando todos os demais guias, sobretudo os da multidão cega dos pagãos. O principal livro de sua biblioteca deveria ser a Bíblia. Quanto aos demais livros humanos, a maioria pode ser dispensada, selecionando-se com inteligência apenas os que estão em harmonia com a sabedoria divina. Por fim, devem seguir tão somente um método, o método de Cristo. Ele é o único correto, pois busca a verdade e não o brilho exterior e as aparências. Ele fulmina com seu raio os que dizem, mas não fazem (Mt 23:3).

27. Se as universidades mantiverem a divisão habitual em quatro faculdades, isto é, Filosofia, Medicina, Direito e Teologia, seria conveniente agregar a todas a disciplina do único necessário, ou da sobriedade, para ensinar, em aulas abertas ou exercícios particulares, de quantas coisas os homens sensatos podem prescindir, em seu próprio benefício. Como também

seria muito útil criar um curso de oratória concisa para ensinar aos jovens que é melhor fazer do que falar, e para que percam o hábito do falatório inútil. Porque isto também faz parte da sabedoria divina: saber calar e somente dizer o necessário, tanto para nos dirigirmos a Deus como aos homens (Mt 6:7), uma vez que "de toda a palavra ociosa que os homens disserem hão de dar conta no dia do juízo" (Mt 12:36).

Capítulo VII

De que modo os governantes podem adaptar os assuntos da sociedade humana à regra de Cristo, de maneira que tudo o que se refere às famílias, às repúblicas e aos reinos transcorra em paz.

1. Qual é a única condição para que reinem a paz e a tranquilidade num país? A concórdia, esse aglutinante do espírito, é a capacidade que mantém todos os membros de uma sociedade unidos. Se, no entanto, as opiniões divergem, as decisões são controversas, quando há muitos esforços e empreendimentos diferentes, em torno de determinado propósito, acabou-se a concórdia. "Todo reino dividido contra si mesmo é devastado", disse Cristo (Mt 12:25). Ele desmoronará inevitavelmente, como desaba o edifício em que os fundamentos, colunas, paredes e teto perdem a sustentação.

2. O que é preciso fazer para conservar a concórdia? É necessária uma ordem hierárquica para as pessoas e as ações. Alguns devem liderar, os outros, subordinar-se. E cada qual precisa saber o que tem a fazer, em seu devido lugar, e na hora certa. Tudo em liberdade, sem coação e sensatamente, sem engano e má fé. Porque a natureza humana quer ser governada de maneira humana, mais guiada do que arrastada à força, mais com uso da persuasão do que da coação; porque o homem foi criado livre, à imagem de Deus, dotado de razão e do direito à autodeterminação. A arte de governar baseia-se na sabedoria, não na violência, baseia-se na inteligência, não em artimanhas.

A natureza humana não pode ser tratada como se fosse inferior aos animais. Nenhum touro, cão, gato ou outro animal tolera um tratamento cruel, mas reage imediatamente. Furioso, investe, morde, arranha, ou foge, se puder. Um cavalo de raça permite de bom grado que um cavaleiro hábil o monte, mas derruba um rude. E Alexandre não foi o único a ter uma experiência como essa com seu cavalo Bucéfalo. Algo semelhante viveu Roboão, com seu reino, além de muitos outros. Portanto, a base da concórdia perfeita é a igualdade própria de homens livres ou um governo liberal, acompanhado da livre obediência dos governados. Porque a liberdade é a estrela guia para toda ação livre e a luz do que deve ser realizado voluntariamente. Ela é o dote da natureza humana e o selo da imagem divina em nós.

3. Uma verdadeira liberdade comum? Mas ela não se transformaria facilmente em falta de consideração e desleixo, causando verdadeira confusão? Existe algo que não seja objeto de abuso, mesmo as melhores coisas? E por isso devemos rechaçá-lo totalmente? O abuso da liberdade deve ser coibido por leis que punam os desvios. A lei precisa de guardiães, como as cortes e os magistrados, que, armados de autoridade e poder, recompensem os bons e castigam os maus. Se todos viverem honestamente, sem fazer dano a ninguém, reconhecendo o devido a cada um, então será fácil manter a ordem pública, a segurança e a paz.

4. De onde vêm, pois, tantas confusões nos assuntos humanos? Elas acontecem porque se descuida e se permitem, em troca, muitas coisas desnecessárias. Quais são elas? I. Uma multidão de governantes. II. Inúmeras leis. III. Uma multidão de juristas que distorcem o direito. IV. Incontáveis formalidades e cerimônias que ocultam a verdadeira essência das coisas. V. O

desprezo e a violação das leis sob o nome de razão de Estado. VI. As rivalidades entre os governantes. VII. Finalmente, as guerras com sua violência insana e brutal.

5. É fato sabido que muitos governantes são um desastre para o país. Isso é comprovado por ditos como: "Não é bom que reinem muitos: sê um rei único"[1] ou então: "A ruína de Caria[2] foi sua multidão de governantes". Quando se confia o cuidado de uma mesma república ou reino a um grande número de pessoas, logo há disputas e se formam partidos, pois "tantas cabeças, tantas opiniões". As pessoas dividem-se conforme seus interesses e agrupam-se em facções. Cada qual, perseguindo na verdade seu próprio objetivo, arrasta consigo quantos puder, enquanto os demais igualmente mantêm suas posições.

Por outro lado, todo corpo vivo, por maior que seja o seu número de membros, como o corpo humano, o dos elefantes ou das baleias, recebe da natureza tão somente uma alma. Assim, ainda que nos estados livres muitos sejam eleitos para administrar os assuntos públicos, todos estão firmemente ligados uns aos outros por meio das leis confiáveis da concórdia, de tal forma que todo o senado é como se fosse uma alma, tendo como cabeça o seu presidente. Se excepcionalmente houver dissensão, o recurso extremo para restabelecimento da concórdia é recorrer à unidade, transferindo-se todo o poder a um só servidor do Estado, que em Roma recebia o nome de ditador. Essa medida costumava dar resultado. Nisso também se comprova o mandamento de Cristo, de que apenas uma coisa é necessária.

---

1 Citação de Teofrasto, filósofo grego, contemporâneo de Aristóteles, que em sua obra *Os Caracteres* faz a paráfrase de um verso de Homero, em *A Ilíada*: *Nam multos regnare malum est: Rex unicus esto.*

2 Região da Ásia Menor com muitas cidades independentes.

6. A respeito das leis, poderia haver dúvida se convém que existam leis concretas para regular todas as ações humanas, de modo que os homens, sob seu absoluto controle, nunca se atrevessem a transgredi-las.

O apóstolo Paulo diz sobre isso: "... onde não há lei, também não há transgressão" (Rm 4:15). Logo, onde há muitas leis, há muitas transgressões. Porque sempre nos esforçamos em alcançar o proibido e desejamos o que nos é negado, como disse o poeta pagão.[3] Certo ainda é o que afirmam os juristas: "Dos maus costumes nascem as boas leis".[4] Como também é verdade que quanto mais numerosas as leis, com maior facilidade se cansa a memória humana, e surgem a insolência e o descaramento. Temos um triste exemplo no povo judeu, dotado por Deus de excelentes leis, melhores do que as dos demais povos (Dt 4:6–8), o que não o impediu de pecar de forma mais abominável do que todos os outros povos (Ez 5:6–7). E nós mesmos, cristãos, temos um *Corpus iuris civilis*, o Código Civil dos imperadores romanos, com seiscentas vezes mais leis do que as de Moisés. E ainda um direito canônico, elaborado pelos pontífices romanos, que dobrou esse número. No entanto, isso adiantou alguma coisa para melhorar os costumes? Em nenhum povo se cometem tamanhas atrocidades! Oh! Seria preciso gritar ao mundo aqui, em voz alta, "apenas uma coisa é necessária"!

E qual é essa única coisa? Apenas os dez mandamentos, nos quais Deus sintetizou todos os seus preceitos. Ah, se os juristas quisessem ensinar tão somente a prática dos dez mandamentos, e os cristãos se dispusessem a colocá-los em prática!

---

[3] Ovídio. Amores, III, 4, 17.

[4] Aforismo latino que se encontra, com ligeira variação, nos Provérbios de Erasmo e em Macróbio (filósofo neoplatônico cristão do século V), Saturnalia 3, 17, 10: Leges bonæ malis ex moribus procreantur.

De quantos labirintos poderíamos livrar-nos! Com maior razão, se quiséssemos adotar a suma dos dez mandamentos, na forma indicada por Cristo: amar a Deus sobre todas as coisas e ao próximo como a si mesmo. Então veríamos que a lei não é feita para o justo (1 Tm 1:9), pois quem teme verdadeiramente a Deus e ama a seu próximo não necessita de muitas leis. A própria consciência bastaria para ensinar a todos o que agrada a Deus e aos homens.

7. E o que dizer sobre os intérpretes das leis, os chamados jurisconsultos? Reduzem ou, pelo contrário, aumentam a complexidade desse estudo? Diz-se que eles diminuem as dificuldades, mas os fatos falam outra linguagem, pois eles escrevem centenas ou milhares de livros, cada qual citando muitos outros estudiosos, de forma que somos obrigados a avançar como através de bosques muito espessos e matas espinhosas sem fim. E quanto ao péssimo costume de desviar o leitor com divagações e de fazê-lo perder tempo, oxalá nunca lhes tivesse ocorrido imitar os filósofos, médicos e teólogos! Hoje quase não se edita mais nenhum livro novo sem acrescentar, inclusive quando não há necessidade alguma, uma longa bibliografia, cuja única finalidade é demonstrar a erudição do autor. É como se alguém usasse de grandes palavras para apresentar-se como um famoso médico, e não passasse de um charlatão; ou então, como se prometesse luz, mas espalhasse escuridão. Com razão escreveu um autêntico sábio da Idade Moderna: Como "a vida é curta, e a arte, longa",[5] somente poderemos assimilá-la de forma abreviada. Quem escreve volumes imensos nada sabe de forma abreviada. E para comprovar

[5] Esse sábio da Idade Moderna parece referir-se, em algum comentário próprio, à expressão *Ars longa, vita brevis*, atribuída a Hipócrates e citada posteriormente por Sêneca em seu *De brevitate vitæ*.

o que escreve, não se limita à verdade pura e palpável, mas apresenta inúmeros avalistas, cujo endosso foi solicitado ou comprado para a ocasião, quando não foi forjado.

8. Os labirintos do Direito alongam-se pelas próprias atuações forenses e seus procedimentos jurídicos, pois os advogados consideram próprio de sua arte retorcê-los de mil formas. A esse respeito, Bernardo[6] lamentou que os cristãos não vivam segundo as leis de Cristo, mas segundo suas próprias leis civis, derivadas do direito dos povos. A razão disso, segundo Bernardo, é que o ser humano, em sua maldade, não confia ser capaz de observar a lei de Deus, embora Cristo não tenha erigido tribunal algum a não ser o da consciência, que julga tanto em particular, no coração de cada um, como no seio da Igreja. Seriamos felizes – diz Bernardo em seu tratado *De consideratione* – "se não necessitássemos de outro tribunal. E ninguém, sentindo-se com a consciência pesada, precisaria então ser defendido por advogados e apresentar testemunhas".

Alguns juristas, porém, observaram que, em um processo comum entre cristãos, também não há nada de cristão. Entre eles Nicolau Vigélio, que em um opúsculo publicado em alemão expõe, no prefácio, quanto dano a jurisprudência vigente causou não apenas à glória de Deus, mas também à sociedade. No mesmo livro ensina como é simples e fácil resolver qualquer disputa legal de forma equitativa para todas as partes. No final do livro, dirige-se às autoridades do Império,[7] analisando as causas da corrupção da jurisprudência e assinala,

[6] [São] Bernardo de Claraval (1090–1153), monge francês cisterciense e abade, defensor da Igreja. Famoso pela eloquência, erudição e devoção, foi uma das personalidades mais influentes do século XII.

[7] Trata-se do Sacro Império Romano-Germânico, ainda vigente na época de Vigélio, mas já praticamente desmantelado na de Comênio.

entre outras, o abuso da eloquência. Seu objetivo era revelar que a jurisprudência humana seria completamente supérflua se os cristãos fossem realmente cristãos, se tivessem o costume de dizer a verdade e agir de acordo com ela.

9. Uma opinião semelhante defende Octavio Pisani, em seu livro *Lycurgus italicus*, publicado em latim em Sulzbach no ano de 1666.

10. Entre os meios para conseguir a paz, Cristo indicou unicamente o de suportar as injustiças com paciência, ensinando que somente isso basta para evitar todos os complicados processos judiciais (Mt 5:39–48). E Pedro acrescentou: "E qual é aquele que vos fará mal, se fordes seguidores do bem? Mas também se padecerdes por amor da justiça, sois bem-aventurados". (1 Pd 3:13–14). E se os cristãos não resolverem seguir este conselho sublime dado por Cristo e seu Espírito, que não desprezem outro mais simples, dado por consultores jurídicos cristãos: o de reduzir os procedimentos imensos, retorcidos e desastrosos da prática jurídica comum! E permitam também que, em qualquer território, à parte desses foros de justiça rígida, seja constituído um tribunal de sabedoria prática. Neste, com base na equidade e na bondade, seriam resolvidas as querelas entre pessoas justas, moderadas ou pobres – contendas que tem sua origem na debilidade humana –, o que estaria a cargo de juízes honrados, verdadeiros servidores da justiça, movidos não por afã de lucro, mas por amor à paz.

11. O quarto labirinto da sociedade humana é constituído pela presunção e o vaidoso orgulho por títulos, bem como a pompa e o luxo de cerimônias voltadas para as aparências, que vêm aumentando constantemente. Chegamos a um ponto onde já quase ninguém faz algo com seriedade, quase todos

se movimentam no plano superficial, dando razão aos ditados: O mundo é governado pelas cerimônias, e igualmente: O mundo inteiro é um teatro. Por toda parte há mais adulação e lisonja do que verdade. Por toda parte se veem sombras sem corpo, plumas sem ave, rédeas sem cavalo, ajado sem pastor, capa sem filósofo, voz sem mente por trás, isto é, palavras sem conteúdo. Busca-se algo que preencha os olhos, os ouvidos, a fantasia, e é difícil achar quem queira investigar as coisas com profundidade. Dou um exemplo: Se um príncipe precisa enviar uma representação ao exterior, o que procura? Segundo o método moderno, uma personalidade de destaque, um séquito numeroso, muita pompa e, com isso, um gasto faustoso à custa do erário público. Entretanto, pelo método de Cristo nada é necessário a não ser um homem fiel e prudente, mesmo que seja enviado sozinho. Deus enviou um representante assim ao mundo, seu filho unigênito, sozinho, manso, cumprindo seu dever sem ostentação nem clamores, até que pusesse a justiça na terra (Is 42:1–4). Mas o mundo ainda não presta atenção a isso e não aprende a valorizar as coisas por seu mérito. Avalia-as apenas por seu falso brilho, hipnotizando a si mesmo e enredando-se inextricavelmente nas travas de suas próprias vaidades.

12. Esse péssimo costume de preferir as sombras à realidade deu origem a outra praga que atormenta e destrói a sociedade humana: a quebra das leis divinas e humanas, sempre que houver alguma esperança de obter ou consolidar a posição que cada um ambiciona para si. Isso é pura conveniência, por mais que a chamem de razão de Estado, pois é tomar a liberdade de fazer qualquer coisa que sirva a seus próprios interesses, sem respeitar tratados ou promessas que se oponham a eles. Uma vez admitida essa motivação, a confiança mútua entre os homens pertencerá ao passado, nada garantirá o cumprimento

de um pacto, já não reinará o direito, mas sim, a violência e o engano. E assim todos os assuntos humanos serão um labirinto sem saída, serão como pedras de Sísifo, incapazes de permanecer fixas, e todas as esperanças de concórdia e amor ao próximo serão como os frutos que escapam de Tântalo, sem saciá-lo. Enfim, o mundo inteiro tornar-se-á o palco dos que negam a Deus e blasfemam, para quem qualquer meio é válido. "Dai voltas às ruas de Jerusalém, e vede agora; e informai-vos, e buscai pelas suas praças, a ver se achais alguém, ou se há homem que pratique a justiça ou busque a verdade; e eu lhe perdoarei. E ainda que digam: Vive o Senhor, de certo falsamente juram" (Jr 5:1–2). Não estaria o seguinte versículo nos aconselhando a fugir da ira? "Ah, Senhor, porventura não atentam os teus olhos para a verdade?" (Jr 5:3). Certamente, para que cada um pratique a justiça e fale a verdade em seu coração (Sl 15:2), não pronunciando sua boca outra coisa que sim, sim, não, não (Mt 5:37). Isso reduziria muito as complicações do mundo, o que é verdadeiramente necessário.

13. A diversidade das formas de governo e as disputas daí decorrentes constituem um sexto labirinto para a sociedade, trazendo constante inquietação ao mundo. Até hoje não se chegou a um acordo quanto à melhor forma de governo: é a democracia, na qual o povo governa? Seria a aristocracia, quando o poder está nas mãos de alguns nobres? Ou então a monarquia hereditária, na qual apenas uma pessoa está à frente do Estado? Uns defendem esta forma de governo, outros aquela outra, com confrontos de todos os tipos que já duram quase seis mil anos.

Nesse caso, qual é o único necessário? Dar a Deus o que é de Deus, e a César o que é de César (Mt 22:21), ou submeter-se "a toda a ordenação humana por amor do Senhor" (1 Pe 2:13), isto é, seja qual for a ordem instituída em uma sociedade humana, não perturbá-la, mas sim defendê-la. É verdade que

Deus criou os homens para a liberdade, não os submetendo a nenhuma criatura, nem sequer aos anjos; mas, onde quer que haja uma multidão, reina a confusão, se ela não é reconduzida à unidade por força da ordem. Deus deixou nas mãos dos próprios homens a decisão sobre a forma dessa ordem ou governo, pois não deu preceitos claros a respeito, apenas exemplos dos animais que vivem em comunidade, como as formigas, que formam um estado democrático, ou as abelhas, cujo estado é monárquico.

Antes do dilúvio, reinava o patriarcado. Ele era uma forma mista de governo democrático-aristocrático, que Deus não desaprovou. Depois do dilúvio, Ninrode, empenhado em subjugar famílias e povos, instituiu a monarquia. Para o apóstolo, essas formas iniciais de governo são criações humanas (1 Pd 2:13), mas agradáveis a Deus, porque são as suas ordens.

14. Se perguntássemos agora, em relação a um reino, o que é necessário, a resposta, segundo o mandamento de Cristo, seria: "Apenas uma coisa é necessária"; um reino precisa apenas de um rei, como para um corpo basta uma cabeça; para uma cabeça basta um chapéu, para um mundo, um sol. Já foi dito que um reino não aceita dois governantes, e, vice-versa, um soberano não precisa de dois reinos, senão rompe-se a harmonia. Assim como no matrimônio a felicidade reside na fiel união de um homem e uma mulher, assim também um soberano deve estar unido a um só reino. Uma cabeça e um corpo. Se um rei ambiciona vários reinos, procura labirintos, pedras de Sísifo, e fome e sede de Tântalo. A zelosa administração de um só reino ou país já significará para ele carga e preocupações suficientes, ou seja, um labirinto.

15. Então, como deve agir um soberano, para que o governo de seu reino não seja um labirinto para ele?

Ele precisa conhecer a arte de governar e também possuir a capacidade e a vontade de exercê-la. Em outras palavras: saber, poder e querer governar. Saber: conhecer as leis da justiça e da equidade, ter experiência na arte da guerra e saber manter a paz. Ele precisa ter uma visão de tudo o que acontece. Precisa ver por si mesmo o que convém fazer, e não através das lentes dos outros (Pr 20:8). O cavalo e a mula precisam ser guiados, disse Davi, porque carecem de entendimento. Mas não não faz sentido um rei, que deve reger os demais, deixar-se governar por eles.

É necessário, ainda assim, querer, isto é: não permitir que a indolência ou os prazeres o apartem das coisas relacionadas ao bem-estar do povo, mas sentir prazer em dedicar-se a elas. Finalmente, é necessário poder, ou seja, estar investido de autoridade, força e espírito heroico para enfrentar tudo o que pretenda conturbar a paz.

E, finalmente, é preciso poder governar e ser governado. Governar, naturalmente, o povo, e ser governado por Deus e pelas leis. Visto que sem a primeira qualidade não seria um rei; sem a segunda seria mais do que um rei, isto é, um tirano detestado por Deus e pelos homens, e causador de sua própria perdição. Para isso não ocorrer, é preciso que todos os detentores do poder se comportem de modo a serem amados e temidos: amados pelos bons, temidos pelos maus. E tendo em vista que um capitão experiente pode naufragar, também um político inteligente pode arruinar o Estado, sem a assistência do supremo timoneiro do universo. Quem se encontra no leme dos acontecimentos necessita, mais do que qualquer outra coisa, estar pleno de temor e reverência a Deus, orar sempre e viver piedosamente.

16. Se alguma vez nos virmos obrigados a guerrear, o que deve ser feito para essa guerra não tornar-se um labirinto?

Ou evita-se a guerra, por meio de prévias conversações de paz; ou coloca-se rapidamente um fim a ela; ou pode-se conduzi-la de forma inteligente, para que não sobrevenha uma calamidade em vez da vitória. O primeiro é mais fácil; o segundo, mais difícil; o terceiro, dificílimo. Entretanto, Cristo frequentemente recomendava o primeiro como o mais seguro (Mt 5:25; Lc 14:31). A guerra é algo bestial. Já o homem deve ser humano e manso e pôr fim a todas as desavenças por meio do direito (Jó 34:4), isto é, um processo judicial realizado segundo regras estabelecidas.

Capítulo VIII

Como os teólogos, os pastores e bispos, observando cuidadosamente o mandamento de Cristo, podem zelar, da melhor maneira possível, pela paz das consciências e a salvação de toda a Igreja.

1. Quem quiser dar uma olhada nos labirintos inextricáveis das religiões, nas pedras de Sísifo, que nunca param de rolar, e nas desilusões de Tântalo, deve ler a *Descrição das religiões em todo o mundo*, de Alexandre Rosseu.[1] Então descobrirá o que é o caos. O único meio de ajudar a debelar tamanha confusão é aplicar a regra de Cristo sobre o único necessário: que todos regressem ao ponto de origem de todos os caminhos, ao local onde se produziram os desvios, isto é, à religião original que o primeiro homem recebeu de seu único criador. Porque Deus, o único criador, sabe perfeitamente como sua criatura deve adorá-lo e pôde ensiná-lo ao primeiro homem. Todo primeiro elemento de uma série constitui, para a sua espécie, a norma de referência. Havendo alteração nos elementos seguintes, é preciso recorrer a essa primeira forma.

2. Como foi, então, a primeira religião?

Era muito simples. Quando o criador de todas as coisas se deu a conhecer ao primeiro homem como o único Deus, dele exigiu a sensação de depender dele, o que deveria ser demonstrado mediante eterna obediência. E prometeu-lhe a

[1] Poeta inglês do século XVII, pertencente ao grupo conhecido como poetas metafísicos.

vida eterna, se assim fizesse (Gn 2). Como era simples a religião do Paraíso! Acreditar em um só Deus; obedecer a um só Deus; esperar a vida somente de Deus, fonte da vida. E nenhuma outra religião transmitiu Deus a Abrão, pai de todos os crentes, ao dizer-lhe: "Eu sou o Deus Todo-Poderoso" (Gn 17:1). Essa é a crença em um só Deus, na sua forma mais simples. "Anda em minha presença e sê perfeito" (Gn 17:1). Isso significa uma vida pura e simples: agir sempre como se estivesse na presença de Deus. "Não temas, Abrão, eu sou o teu escudo, o teu grandíssimo galardão" (Gn 15:1). Esta recompensa é uma esperança simples e gloriosa!

A mesma religião, muito simples, ensinou Moisés: "amar o Senhor, teu Deus, com todo o teu coração" (Dt 11:13) e "amarás o teu próximo como a ti mesmo" (Lv 19:18). Embora Deus tenha dado por meio de Moisés vários preceitos, foram somente exercícios de obediência, exemplos e pedras brancas místicas para fortalecer a fé e a esperança. Da mesma forma como Deus costumava manifestar seu pensamento por meio dos profetas. Por exemplo, através de Miqueias: "Ele te declarou, ó homem, o que é bom; e o que o Senhor pede de ti, senão que pratiques a justiça, e ames a benignidade, e andes humildemente com o teu Deus?" (Mq 6:8). Essa foi toda a religião antes da lei e sob a lei: compreender a Deus pela fé, unir-se estreitamente a Deus pelo amor, permanecer em Deus interiormente pela esperança! Continua, portanto, sendo sempre o único necessário: confiar em teu Deus, tanto com o pensamento e a inteligência, tanto com a vontade e o sentimento, com todas as forças e total dedicação.

3. No entanto, o mundo inteiro extraviou-se deste centro, Deus, e percorre, com suas criaturas, círculos viciosos e labirintos sem saída, rola pedras de Sísifo sem descanso, e deseja

coisas que não pode obter. Diante disso, resta somente o único necessário: que todo homem, afastando-se de si mesmo e das coisas, regresse a Deus. E para que os homens compreendessem isso com mais facilidade, o próprio restaurador das coisas resolveu iniciar pessoalmente o trabalho, dando o exemplo. O filho de Deus assumiu, assim, a forma humana, tornando-se semelhante a nós em tudo, exceto no pecado. Por meio da palavra e do exemplo, ele ensinou os homens a negar totalmente a si mesmos e a regressar a Deus, permanecendo fiéis a Deus mediante fé, amor e esperança. Essa é a suma do Evangelho, o único necessário para todos que desejam a salvação. Em verdade, apenas Cristo pôde dizer: "Eu sou o caminho, e a verdade, e a vida; ninguém vem ao Pai, senão por mim" (Jo 14:6). "Eu sou a luz do mundo; quem me segue não andará em trevas, mas terá a luz da vida" (Jo 8:12). "Vinde a mim, todos os que estais cansados e oprimidos, e eu vos aliviarei. Tomai sobre vós o meu jugo, e aprendei de mim, que sou manso e humilde de coração; e encontrareis descanso para a vossa alma. Porque o meu jugo é suave, e o meu fardo é leve" (Mt 11:28–30). E, no entanto, como os cristãos se esquecem de algo tão necessário!

4. Quem é verdadeiramente cristão?

Dá-se o nome de cristão ao discípulo e seguidor de Cristo; quem, naturalmente, acredita no que Cristo ensinou, faz o que ele mandou, espera o que prometeu. Portanto, somente é verdadeiro cristão quem crê nos ensinamentos de Cristo, cumpre, de fato, seus mandamentos e confia, de verdade, em suas promessas. Se quiséssemos expressar-nos de maneira mais sublime, poderíamos chamar de cristão o homem semelhante a Cristo, e, devido a essa semelhança, destinado a converter-se em Deus. O homem, efetivamente, aspira, por natureza, ao estado divino: todo ser tende a aperfeiçoar-se e elevar-se. E como o homem é o ser mais elevado depois de Deus, deseja ser como ele. Por causa dessa aspiração, ele foi enganado e apanhado por Satanás (como por meio de uma isca ou ardil). No entanto, Cristo, o Filho de Deus, nos traz de fato o que Satanás oferecia falsamente: o poder de sermos feitos filhos de Deus (Jo 1:12). Sobre essa passagem, Orígenes fez este esplêndido comentário: Para isso o Verbo (Deus) desceu até a carne, para que a carne, isto é, o homem fiel, se eleve até o Verbo, que é o filho de Deus. Desse modo, o filho unigênito de Deus transformou muitos em filhos adotivos. O Verbo não se fez carne em causa própria, mas por nossa causa; pois não poderíamos ser transmutados em filhos de Deus, a não ser pela carne do Verbo. Desceu sozinho à terra, para elevar-se novamente com muitos, fazendo dos homens deuses, ele, que sendo Deus, havia feito homem a si mesmo.

5. Grandes coisas, essas. Mas o que falta para que os homens se tornem semelhantes a Cristo?

É necessário apenas ter Cristo diante dos olhos, como modelo perfeito de fé, de vida e de esperança. Nele devem concentrar-se todos os seus pensamentos, palavras e feitos, de modo que Deus reconheça nesses homens a imagem de seu filho, tenha-os também como seus filhos genuínos e os faça "assentar nos lugares celestiais, em Cristo Jesus" (Ef 2:6). Em diferentes passagens, as Sagradas Escrituras referem-se a isso com expressões tais como possuir o espírito de Cristo; revestir-se de Cristo; caminhar em Cristo; já não viver para si mesmo senão para Deus; nós não devemos viver, senão Cristo em nós. Que o homem fiel se governe pelo espírito de Cristo, assim como os membros do nosso corpo se governam pelo espírito que desce da cabeça e, fluindo por todos eles, coloca-os em movimento.

6. O que é o mais necessário para todo o corpo dos fiéis, isto é, a Igreja cristã?

A concórdia universal, que Cristo denominou amor, dando-o aos seus como contrassenha ou marca característica de sua Igreja (Jo 13:34–35). Os apóstolos recomendavam o amor uns aos outros como vínculo da perfeição (Cl 3:14), aconselhando que guardassem "a unidade do Espírito no vínculo da paz. Há um só corpo e um só Espírito, como também fostes chamados em uma só esperança da vossa vocação. Um só Senhor, uma só fé, um só batismo", apesar da diversidade dos dons de Cristo (Ef 4:3–7).

A lei suprema da concórdia cristã é tríplice: manter a unidade no estritamente necessário. Manter a liberdade no menos necessário (o que chamam de "dispensável"). Em tudo, manter o amor a todos.

7. Existem tais cristãos?

Sim, tais cristãos existiam na época dos apóstolos, quando os fiéis em seu conjunto possuíam um só coração e uma só alma, e ninguém dizia ser seu o que possuía, senão tudo era comum a todos (At 4:32). Como também muito tempo depois da época dos apóstolos, quando davam a vida não só por Cristo, como também uns pelos outros (1 Jo 3:16). Mais adiante o amor aos poucos foi esfriando, e esqueceram-se completamente do mandamento de Cristo sobre o único necessário, assim como de colocá-lo em prática. Caíram gradualmente no desnecessário, o que era incompatível com o seu estado de cristãos, e por isso prejudicial e funesto. Como consequência, tudo se converteu em um labirinto. A Igreja, afinal, já não era uma comunidade dos escolhidos, em oposição ao mundo. Tornando-se ela própria mundana, de Cristo levava apenas o nome.

Diríamos então que a Igreja de Cristo se converteu no barco de Teseu? Esse barco, segundo conta Plutarco,[2] foi reformado pelos atenienses tantas vezes que, de tanto colocar-lhe madeiras novas, não sobrou sequer uma prancha das antigas. Não obstante, deixou de chamar-se o barco de Teseu? Não creio que se deva falar nesses termos, pois o próprio Cristo construiu o barco da sua Igreja, e sua obra é imperecível, não importa o que lhe seja acrescentado de obra alheia, humana ou satânica. É igual ao campo do Senhor, semeado com a boa semente, onde o inimigo pôde semear o joio por cima do trigo, mas não pôde tirar o próprio trigo (Mt 13:25). Da mesma forma, pode-se seguir construindo sobre os fundamentos da Igreja com ouro, prata e pedras preciosas, mas também com madeira, feno e palha. No fogo da purificação tudo será submetido à prova. O feno e a palha serão queimados, mas o ouro e a prata permanecerão.

8. Assim se deve considerá-lo. O que provém de Cristo – de sua doutrina, de sua vida e todos seus ensinamentos divinos – permanece. E tudo é trigo, é ouro, são pedras preciosas, é o único eternamente necessário. E o que lhe foi acrescentado de invenções e profanações humanas, tudo isso é joio, é feno e palha, destinados a serem queimados. Ou, para seguir expressando-nos em nossa linguagem, são labirintos, são pedras de Sísifo, são ilusões de Tântalo. Como estes tornaram-se tão imensos, podemos ver claramente que não há solução alguma sob o céu, a não ser voltar-nos todos para o único mandamento de Cristo sobre o único necessário.

9. Segue agora a questão mais importante: o que é o único

[2] Escritor do período greco-romano, estudou na Academia de Atenas e faleceu no ano 120.

necessário para os cristãos perdidos em tantos e tão grandes labirintos?

Manter os olhos voltados unicamente para Cristo, modelo de toda perfeição, que nos foi enviado do céu. Devemos harmonizar todos os nossos assuntos com ele, como Deus assim o ordenou, aparecendo a Moisés: "Atenta, pois, que o faças conforme ao seu modelo, que te foi mostrado no monte" (Ex 25:40). Em duas ocasiões ressoou uma voz vinda do céu, dizendo sobre Cristo: "Este é o meu filho amado, em quem me comprazo, escutai-o" (Mt 3:17 e 17:5). E o próprio Cristo disse: "Vinde a mim, todos os que estais cansados e oprimidos, e eu vos aliviarei" (Mt 11:28–29).

10. De tudo o que devemos aprender com Cristo, o que é mais importante?

Tudo o que Cristo fez e ensinou (At 1:1), pois ele disse: "Porque eu vos dei o exemplo, para que, como eu vos fiz, façais vós também" (Jo 13:15). "Vós sereis meus amigos, se fizerdes o que eu vos mando [...] porque tudo quanto ouvi de meu Pai vos tenho feito conhecer" (Jo 15:14–15). Podemos conhecer essas coisas pelos evangelhos. Erasmo de Roterdã[3] assim o resumiu em seu *Método da verdadeira Teologia*:

> Cristo, o mestre celestial, instituiu um novo povo na terra com a intenção de que estivesse totalmente enraizado no céu e, desconfiando de tudo o que o mundo lhe oferece, fosse um povo rico, sábio, nobre, poderoso e feliz, mas de uma maneira diferente; que buscasse e alcançasse a felicidade, ao desprezar tudo o que o vulgo admira. Que, com

[3] Erasmo de Roterdã (1466–1536), famoso humanista do Renascimento. Embora criticasse os abusos da Igreja Católica Romana, não aderiu à Reforma.

um olhar verdadeiramente simples, desconhecesse o ódio e a inveja; que não soubesse o que são apetites impuros; como se fosse voluntariamente abstinente, preparando-se na carne para viver a vida dos anjos; que não conhecesse a separação, ao não ter de sofrer nem curar doença alguma; que ignorasse o juramento, por não existir para ele o engano nem a desconfiança; que desconhecesse o afã das riquezas, como quem tem seu tesouro bem guardado no céu. Que não se deixasse deslumbrar pelas vãs ilusões de glória, atribuindo tudo unicamente à glória de Cristo. Que não soubesse o que é a ambição – como quem quanto maior é, tanto mais se submete a tudo e a todos por Cristo. Que, mesmo sendo provocado, fosse incapaz de encolerizar-se e perder as estribeiras, nem de ofender, e muito menos de exercer a vingança, como é adequado a quem que se esforça por fazer o bem aos que fazem o mal. Que seus costumes fossem tão íntegros a ponto de serem reconhecidos como justos, inclusive pelos ímpios. Que, por assim dizer, tornasse a nascer para a pureza e a simplicidade da infância. Que vivesse o dia como os pássaros e os lírios. Que, entre os seus cidadãos, reinasse a maior concórdia e todos se sentissem como os distintos membros de um mesmo corpo. Que o amor uns pelos outros tornasse todas as coisas de uso de todos, de modo que, havendo algum bem, fosse usado para socorrer quem estivesse necessitado, e, havendo algum mal, fosse eliminado ou, pelo menos, aliviado mediante o espírito de serviço. Que, sob o magistério do Espírito celeste, fosse tão sábio e vivesse de modo tão ajustado ao modelo de Cristo, que fosse como um sol, como sal e luz para o mundo, como cidade edificada sobre um monte, visível a todos, de qualquer parte. Que, sendo poderoso em algum aspecto, usasse tal poder para proveito geral. Que o anelo pela imortalidade o fizesse considerar pouco esta vida, e a morte desejável. Que não temesse nem o tirano, nem a morte, nem o próprio Satanás, confiando somente na proteção de Cristo. Que trabalhasse em todos os aspectos, estando sempre cingido e preparado para o último dia.

11. Vede, esse é o novo caminho para Sião, curto e santo, indicado por Deus, por onde não passarão os impuros! Um caminho tão reto que nem os loucos poderiam perder-se nele (Is 35:8). Qualquer caminho que os cristãos encontrem, diferente deste – e encontram-se, de fato, inúmeras encruzilhadas – ou é impraticável ou um desvio, e conduz a armadilhas, fendas e precipícios. Quem lê, por exemplo, o incomparável quinto capítulo do Evangelho de Mateus, comparando-o aos costumes dos cristãos de hoje, reconhece a desarmonia, quão incompatível tudo se tornou e que, verdadeiramente, o único necessário para todos os cristãos é voltar-se para Cristo. O único mestre enviado do céu não chama ninguém para aproximar-se da árvore do conhecimento por curiosidade, mas a todos convida para conhecer a árvore da vida. Ele não pede palavras, mas ações; e exige que sejamos tão perfeitos nas obras da piedade como perfeito é o próprio Pai celestial (Mt 5:48).

12. Se alguém diz ser impossível ao homem ser tão perfeito como Deus, que ouça a sua resposta: O que para os homens é impossível, é possível para Deus (Lc 18:27). Isso significa que por si mesmo ninguém pode, mas poderá com a ajuda de Deus, como disse claramente Paulo: "Posso todas as coisas em Cristo que me fortalece" (Fp 4:13). Logo, se não somos cristãos semelhantes a Cristo, a culpa não é dele, que nos oferece sua ajuda, mas é nossa, que a rechaçamos. Sempre nos desculpamos, alegando que a nossa perdição se deve à queda de Adão, porém nunca queremos experimentar a força

regeneradora de Cristo. Ou será que também queremos acusar de mentiroso a ele, que é a própria verdade, quando diz: "O meu jugo é suave, e o meu fardo é leve"? (Mt 11:30). Realmente é suportável, porque está de acordo com a natureza humana após a queda, à qual Cristo veio restituir a pureza original. E realmente é leve porque, ao não estar carregado de coisas inúteis, contém apenas o necessário. No entanto, somos lentos quando se trata de renascer, quando se trata de despojar-se do velho homem e revestir-se do novo homem, e criamos dificuldades onde não há nenhuma. Em compensação, não queremos enxergar as verdadeiras dificuldades, asperezas, complicações e labirintos, aos quais nos lançam os desejos de nossa natureza degenerada e a pesada carga das instituições e costumes humanos. Embora estejamos enredados no labirinto, somos incapazes de vê-lo. Para esclarecer esse fato e mostrar como o mandamento de Cristo pode ajudar-nos nisso e em tudo, examinaremos cada uma dessas dificuldades.

13. Que tipo de Teologia se ensina atualmente nas escolas? A Escritura Sagrada deveria falar por si ou ser explicada com base na própria palavra, como o fez o sacerdote Esdras (Ne 8:8-9). Hoje, contudo, as palavras dos profetas e apóstolos são interpretadas por pessoas que não são profetas nem apóstolos, nem ao menos pessoas tocadas pelo Espírito de Deus, mas mestres e doutores instituídos pelos homens. Estes não explicam nada com base nos apóstolos e profetas, mas recorrem a Aristóteles, ou como é moderno agora, a Descartes, recorrem a este ou aquele mestre ou, por último, ao que lhes dita sua própria razão, apoiada em normas humanas. Assim, as palavras de Deus são interpretadas por palavras humanas, e os pensamentos divinos por pensamentos humanos. A consequência lógica disso é a degeneração da Teologia, que se converteu em um discurso humano frívolo (1 Tm 1:6–7). E o que

esses homens imaginam, fazem passar por segredos de Deus. Essas invenções são tão variadas como numerosos são os que, contrariando a proibição enfática de Cristo, (Mt 23), apresentam-se como guias, mestres e pais do povo de Deus. Cada um deles grita: "O Cristo está aqui" ou "está ali", e todos procuram persuadir o povo de que sua teologia é a verdadeira luz. Não há palavras suficientes para descrever a discórdia que isso semeia, como ela aumenta a divisão do povo cristão e que danos causa à religião.

14. As dificuldades continuam aumentando, porque não se consegue chegar a um acordo sobre a palavra de Deus, que é o próprio princípio ou fundamento da Teologia. Bastaria a palavra escrita, os livros proféticos e apostólicos? Ou deveríamos acrescentar também a palavra não escrita, a chamada tradição? E ainda assim, onde encontrar a palavra escrita em sua maior pureza? Nos textos hebreus e gregos, ou nos textos caldeus e latinos? Outra coisa: se foram feitas distintas traduções dos originais (hebreu e grego), qual seria a melhor? Por todo lado surgem inúmeras questões e enormes dúvidas. Algumas afirmações perigosas provocam grande divisão nas mentes e fazem da Teologia uma matéria difícil e escorregadia. E se Deus inspira uma vez mais a alguém, ninguém o escuta, ninguém o aceita, ninguém o compreende, como se falasse um idioma desconhecido (Is 28:11).

15. A perfeição apostólica consistia em nada querer saber exceto Cristo crucificado (I Co 2:2) e não tomar conhecimento proveniente de outra fonte, a não ser das Sagradas Escrituras (II Tm 3:16–17). Agora se exige o mestrado nas Sete Artes

Liberais[4] e, além disso, o doutorado, isto é, a perícia em toda classe de discussões. Aprender a conhecer a simplicidade de Cristo parece uma Teologia demasiado simplória. Quem consulta a pequena obra *Biblioteca do Estudioso da Teologia* verá quantas centenas de autores é preciso ler para construir a ciência teológica. Mas, não é certo que apenas uma coisa é necessária para se reconhecer o espírito de Cristo? Que não falemos de Deus e dos mistérios divinos, a não ser pela boca de Deus? Melhor teria sido se o autor tivesse escrito em cada uma das páginas (o livro completo tem cerca de mil) as palavras de Deus a Josué: "Não se aparte da tua boca o livro desta lei; antes medita nele dia e noite" (Js 1:8). Ou as palavras de Davi: "Bem-aventurado o homem [...] que antes tem o seu prazer na lei do Senhor, e na sua lei medita de dia e de noite (Sl 1: 1–2). Ou as de Isaías: "À lei e ao testemunho! Se eles não falarem segundo esta palavra, é porque não há luz neles (Is 8:20). Ou como diz Cristo: examinai as Escrituras! (Jo 5:39). Ou as palavras de Paulo: "Toda a Escritura é divinamente inspirada, e proveitosa para ensinar [...], para que o homem de Deus seja perfeito" (II Tm 3:16–17), ou, finalmente, a frase de Hyperius:[5] O teólogo nasce nas Escrituras! Mas os futuros sacerdotes nada aprendem destes mestres, pois têm de estudar uns seiscentos outros. Assim, acabam lançados em muitos labirintos, tendo de rolar muitas pedras de Sísifo e sofrendo novas desilusões de Tântalo. Porém, como nada disso é alimento para a alma, não ficará saciado.

---

[4] Gramática, Retórica, Dialética, Aritmética, Geometria, Música e Astronomia. Inicialmente os títulos de doutor e mestre eram equiparados, mas no século XVI, o mestrado ficou restrito à Faculdade de Filosofia.

[5] Andreas Hyperius, teólogo luterano flamengo (1511–1564).

16. O grande número de mestres dá origem às muitas seitas entre os cristãos, para as quais logo nos faltarão nomes para designar. E cada seita considera-se a única igreja, ou a mais pura, e por isso elas combatem umas às outras com ódio ferrenho. Não há esperança de entendimento, perpetuamente irreconciliáveis, retribuindo hostilidade com hostilidade. Usando trechos das Escrituras Sagradas, forjaram suas próprias confissões de fé. Elas são seus escudos, fortalezas e baluartes; ali entrincheiradas, resistem e atacam as demais. Não se poderia dizer que suas confissões de fé são ruins ou que não sejam piedosas de *per si*. Contudo, elas alimentam o mal, por atiçar o fogo da hostilidade e da divisão; é preciso erradicar esse mal por completo para que a Igreja possa recuperar-se de suas feridas. Se isso não ocorrer, logo os cristãos já não saberão para onde voltar-se.

17. Desse labirinto de seitas e confissões surge outro, o indestrutível vício da discussão, no qual Satanás envolveu os filhos da Igreja desde os tempos do Paraíso, se bem que nunca de forma tão emaranhada como em nossos dias. Os apóstolos e seus sucessores mais imediatos combatiam-no com a força do Espírito. Agora recorre-se às armas de Aristóteles, os silogismos. São novos tempos. Mas, em que avançaram? Conseguiram eliminar uma única controvérsia sequer? Pelo contrário, elas aumentaram muito. Porque Satanás, ao torcer as palavras como quer, é o maior sofista e sempre ganha a disputa. Nós, contudo, filhos de Eva e pobres incapazes, fomos enganados e afastamo-nos da verdade, assim como aconteceu com nossa mãe, precipitando-nos na negação geral da fé, da vida e da esperança em Cristo.

18. A tarefa dos sínodos e concílios era resolver esses conflitos, o que tentaram de várias maneiras, como acordo geral de

muitos, que avaliavam corretamente as falhas da Igreja, face aos desvios particulares de alguns. As discórdias, tanto dos antigos sínodos como dos modernos, derivaram em labirintos inextricáveis, como os fatos o demonstram. Sempre que as opiniões, em vez de serem ponderadas, são contabilizadas por votos, o astuto Satanás acaba reunindo um número superior de filhos das trevas para se oporem aos filhos da luz e fazer triunfar a mentira sobre a verdade. Se, com suas artimanhas, consegue a aprovação de resoluções mentirosas e baseadas no engano, sabe como fazer para que estas sejam seguidas permanentemente de novas resoluções, também sem sentido, para que, um por um, todos percam o juízo e caiam na armadilha.

19. Os apóstolos e seus sucessores adotaram diversas medidas para que a missão, a vocação e o sacerdócio seguissem regras e determinada ordem. Não obstante, quanta desordem surgiu sorrateiramente por toda parte! Quantos correm sem ser enviados! Quantos intrometem-se sem ser chamados! Quantos não exercem funções sagradas apenas por cumprir uma obrigação! Eles não cuidam do rebanho do Senhor, senão de si mesmos! Quanto mais generosa for a Igreja na remuneração de seus sacerdotes, maior é o atrativo para os que fazem do ventre o seu deus e apressam-se em roubar o pão de Cristo dos seus verdadeiros servidores.

20. "Aquele, porém, que entra pela porta é o pastor das ovelhas. A este o porteiro abre, e as ovelhas ouvem a sua voz, e chama pelo nome às suas ovelhas, e as traz para fora" (Jo 10:2–3). Os guardiães da Igreja devem velar para que somente um verdadeiro pastor exerça o sacerdócio. Com esse fim foi criado o cargo de bispo, que é o pastor dos pastores. Mas a situação degenerou pelo abuso. Assim como outrora a ira de Pedro levantou-se contra Simão Mago (At 8:20), agora, que

tudo se tornou objeto de comércio poderia voltar-se contra o regateio de coisas sagradas. E isso, por fim, abriu a porta a outras inconveniências e à corrupção no sagrado ministério.

21. Nos cultos se ouvem, na maioria das vezes, palavras humanas em vez da palavra de Deus. Cada qual fala como lhe apraz, ou desperdiça-se o tempo com discussões e a contestação de argumentos alheios. Mas nada se diz sobre o renascimento e a transformação do homem em Cristo, para que participe da natureza divina (II Pe 1:4). A Igreja praticamente perdeu o seu poder de atar, retendo somente o poder de desatar. Para o velho Adão, esse é um doce veneno, contra o qual não há antídoto. E os sacramentos, enfim, que nos foram dados como símbolos da unidade, do amor e de nossa vida em Cristo, converteram-se em matéria de fortes confrontos, pedra de afiar os ódios recíprocos, em estímulo e bandeira das seitas.

22. Em suma: tudo o que pertence ao cristianismo converteu-se em labirinto. A fé foi desintegrada em mil artigos minúsculos, quem deixa de aceitar um sequer é herege. Na vida, deparamo-nos com milhares de pequenas questões de consciência. Quem deixar de observar um único aspecto acabará vítima de dúvidas e escrúpulos. E quanto aos anelos e às esperanças cristãs?

A grande maioria dos cristãos mal sabe o que pede ou espera, a quem ou por meio de quem, e se deve confiar em ser atendida. Alguns são mantidos na incerteza por uma esperança cega, outros caem no desespero. Para alguns, as cerimônias são o centro do culto divino. Outros desprezam as cerimônias e o próprio culto. E tudo isso com grande diversidade, de modo que, se fosse possível ver todos ao mesmo tempo, formariam uma multidão incontável de homens, declarando avançar todos pelo mesmo caminho. No entanto, uns caminham para a direita, outros para a esquerda; estes para cima, aqueles para baixo; outros, enfim, para diante, e outros para trás, e – o que é mais extraordinário – uns caminham com os pés, outros com a cabeça.

23. Existe algum remédio? Sim, o único necessário: regressar a Cristo. O ser humano deve olhar para Cristo, seu único guia, seguir-lhe as pegadas, desprezando todos os demais caminhos, até chegarmos, todos juntos, "à unidade da fé, e ao conhecimento do Filho de Deus, ao homem perfeito, à medida da estatura completa de Cristo" (Ef 4:13). Assim como o Mestre celestial fundamentou todo seu ensinamento e sua vida nas Escrituras, nós também devemos deixar de lado qualquer confissão particular, contentando-nos com o que têm em comum todas as confissões: a palavra revelada de Deus; e, com a Bíblia na mão, exclamar: "Creio em tudo o que Deus revela neste livro. Em obediência, acato todos os seus mandamentos, e coloco minha esperança em todas as promessas de Deus".

24. Ouvi, ó cristãos! A vida é uma e simples, mil são as formas de morrer. A verdade é uma e simples, mil são as formas do erro. De maneira similar, Cristo é um e simples, mil são as formas do Anticristo. Porque quem não está com Cristo, está contra Cristo (Lc 11:23), ou seja, é o Anticristo. A essência do anticristianismo é toda crença, todo ato e esperança contrários à doutrina de Cristo. Suas manifestações são o afã de possuir, de sobressair, dominar, gozar, discutir, brigar e causar dano aos outros. Aos poucos, tudo isso foi dominando os cristãos, sem exceção alguma. Portanto, o Anticristo reina por toda parte, com maior ou menor êxito. Por isso, os cristãos sabem o que é inevitável: voltar a Cristo ou sucumbir com o Anticristo. Quem é inteligente e quer viver escolhe o guia que é a própria vida.

Capítulo IX

O mundo pode mudar para melhor, se observar o mandamento de Cristo e aceitar os conselhos da eterna sabedoria.

1. Se os homens quisessem observar a regra de Cristo, tudo seria melhor, não apenas para a Igreja e para as consciências, mas também para todos os assuntos humanos. Há muito tempo o entendimento humano reconheceu que se vive melhor com pouco, inclusive exteriormente. E, assim, muitas vezes se tratou de aliviar a carga da vida por meio de austeridade e simplicidade. Muitos sábios o testemunharam mediante palavras e ações. "Nada em demasia", disse Sólon, e Catão[1] recomendou: "Evita tudo o que é excessivo e aprende a contentar-te com pouca coisa". Mel em demasia transforma-se em fel etc.

2. Os espartanos, muito famosos e elogiados por seu valor, estavam habituados desde a infância a suportar a fome e evitar o supérfluo na alimentação, na vestimenta, na moradia, na conversação, em tudo. Sua máxima era: contentar-se, em todas as ocasiões, com poucas coisas, porém boas. O rei espartano Leotíquidas, ao ser indagado por que motivo os espartanos eram tão moderados na bebida, respondeu: "Para que outros não decidam por nós, mas nós em vez deles". Os antigos árabes e

[1] Marco Pórcio Catão (234 a.C. – 149 a.C.). Político e censor romano que defendia os costumes da tradição romana.

romanos também eram elogiados por sua moderação e seus costumes simples, pois não enfraqueciam suas forças com nenhum tipo de excesso. Cuidavam, porém, da saúde comendo e bebendo com parcimônia, praticavam exercícios corporais para fortalecer os músculos, e sua vida alongava-se até verem crescer seus últimos netos. Hoje não faltam exemplos como esses nos povos mais simples, assim como da heroica austeridade de alguns homens notáveis. Indicarei alguns, dentre os filósofos e estadistas.

3. Preparando-se para receber alguns hóspedes com provisões realmente escassas, Sócrates disse certa vez: "Se forem bons, será suficiente; se forem maus, mais do que suficiente". Pitágoras, para poder dedicar-se totalmente ao estudo da sabedoria, vivia na maior austeridade, segundo o escritor Ateneu.[2] Diógenes contentava-se apenas com um manto, um barril que o protegia do vento e da chuva, e um bastão para afugentar os cães. Alimentava-se apenas de verduras e água. Diógenes despertou tanta admiração em Alexandre Magno que este disse certa vez: "Se eu não fosse Alexandre, não gostaria de ser nenhum outro, senão Diógenes".

Epicuro,[3] o máximo defensor do prazer, procurou uma alimentação à base de água e polenta, ou pão de cevada, e manteve-se firme frente à pobreza, não porque desprezasse os prazeres, mas porque, segundo dizia, uma comida frugal proporcionava-lhe mais prazer. O médico Galeno encontrou uma fórmula segura para cuidar da saúde e decidiu empregar sempre essa regra: Nunca comer e beber até saciar-se, nem

---

[2] Escritor grego do século III d.C.

[3] Filósofo grego (341 a.C. – 271 ou 270 a.C.). Preconizava a felicidade caracterizada pela ausência de dor física e pela imperturbabilidade da alma, no entanto não exaltava os prazeres sensoriais.

provar alimentos de difícil digestão. E gozou de boa saúde por mais de 100 anos. Como também, em nossos tempos, o nobre veneziano Luigi Cornaro, que, na juventude, perdeu totalmente a saúde com uma vida opulenta, recobrando-a por completo graças a uma dieta alimentar. Ela previa o consumo diário de aproximadamente 350 gramas de alimentos sólidos, 400 ml de bebida e nada mais. Assim, chegou com pleno vigor aos 118 anos de vida. Não se equivocava Giovanni Pontano[4] quando, indagado por que vivia sempre feliz com apenas um tipo de comida, respondeu: "Abstenho-me da comida para que os médicos se abstenham de mim".

4. Poderia citar também, como exemplo, monarcas de espírito heroico. Ciro,[5] o Grande, ao ser indagado por um anfitrião sobre o que desejava que lhe fosse preparado para um banquete, respondeu: "Pão, e gostaria que fôssemos comer à beira do rio". Alexandre Magno foi tão moderado com a comida (antes o fosse também em relação ao vinho!) que recusou os melhores cozinheiros e seus refinados pratos enviados pela rainha de Caria, alegando que ele tinha melhores provedores: o trabalho e o suor. Ao ver que seus generais sucumbiam à comilança na Pérsia, irritou-se, dizendo que é próprio de escravos ceder aos prazeres, enquanto é digno de um príncipe alimentar-se de fadigas. Gélio[6] escreve que Rômulo, convidado para um jantar, bebeu pouquíssimo porque no dia seguinte teria de resolver assuntos importantes. Isso bem se ajusta ao espírito de Salomão quando disse: "Não é próprio dos reis [...] beber vinho, nem dos príncipes o desejar bebida forte; para que não

[4] Giovanni Giovano Pontano (1426–1503). Humanista, poeta e estadista italiano.

[5] Ciro II, fundador do império persa, um dos maiores da história.

[6] Aulo Gélio (125–180 d.C.). Jurista, escritor e gramático.

bebam, e se esqueçam da lei, e pervertam o direito de todos os aflitos" (Pv 31:4–5).

Assim, César Augusto era muito moderado na bebida, e mais ainda na comida. Carlos Magno, segundo Crantzius,[7] não admitia mais de quatro tipos de pratos de comida numa refeição, e bebia apenas três vezes durante a refeição. Abominava a embriaguez em qualquer homem, independentemente de sua condição. E outros personagens heroicos também faziam coisas similares.

5. Um exame atento das leis contra o luxo e a suntuosidade, promulgadas pelos Estados bem constituídos, e referentes à ostentação em festas de casamento, banquetes, espetáculos, vestimenta e outros itens supérfluos, comprovaria simplesmente a regra de Cristo (sobre desprezar o que é desnecessário). Com base nisso, poderíamos esperar um alívio da situação, desde que os homens compreendessem melhor e ouvissem os bons conselhos. Entretanto, o que fazer quando não querem ouvi-los? Deve-se rir deles ou, pelo contrário, sentir compaixão? Nós rimos desse gracioso animalzinho, o esquilo, quando, preso numa jaula, gira sem parar uma roda, salta sem parar, move-se sempre, sem nunca sair do lugar. Nem por isso fica triste, porque não tem consciência de seu cativeiro. Verdadeiramente lamentável é que, sendo destinado à eternidade, o gênero humano se encerre na jaula do tempo de modo que, sendo o tempo tão escasso e a vida tão breve, dedique a maior parte dele a falatórios e frivolidades, e quase nada a si mesmo e a Deus.

6. Ah se a estupidez humana quisera elevar-se à sabedoria divina! E, separando o que não tem valor do que é precioso,

[7] Albert Krantz (1448–1517). Teólogo, historiador e político.

afastasse de si tudo o que é mau, fútil e supérfluo! Como mudaria, em pouco tempo, nossa visão das coisas! A Filosofia, bem como a Política e a Religião seriam bem diferentes. A forma mais simples, fácil e segura de fazer a reforma seria suprimir o desnecessário, contentando-se apenas com o necessário. Se na Filosofia, por exemplo, fossem evitadas afirmações categóricas, exceto no caso de uma verdade evidente; se todos almejassem apenas o bem puro; se perseverassem na ação, mas apenas no que fosse, de fato, possível, fácil e proveitoso, logo dominaríamos a vida, tendo poder sobre as coisas. Da mesma forma, o Estado também seria beneficiado se todos tivessem em vista somente o objetivo comum, isto é, a felicidade e o bem-estar de toda a sociedade, e agissem nesse sentido. Isso aconteceria se todos mantivessem sua posição, cada um em seu lugar, ninguém se colocando acima dos demais, nem ninguém se rebaixando a uma submissão servil. Todos deveriam adaptar-se a todos e, por amor à paz, servir ao outro.
O mesmo poderia acontecer na religião, se adorássemos apenas ao ser mais perfeito, a Deus, fonte exclusiva do bem para a humanidade. Se o amássemos acima de tudo, para que ele se digne a envolver-nos novamente com seu amor paternal; se respeitosamente nos curvássemos diante de seu poder, para que não tenha de exercê-lo com justiça contra nossos excessos, ele, que faz o sol brilhar para todos, tampouco negaria sua misericórdia a todos nós.

7. Caso os homens se recusem a trilhar este caminho de suma retidão, já foram dispostos decretos por parte do supremo guardião do destino, tais como: I. Que sempre falte o necessário a quem gosta de ocupar-se indefinidamente com o que é desnecessário. II. Se alguém sempre deseja confundir-se em seus labirintos, ele enredar-se-á até ficar preso no caos de infinitas confusões, do qual já não poderá livrar-se.

III. Quem sente prazer em rolar continuamente suas pedras de Sísifo, que as faça rodar até consumir suas forças, sua vida e seu próprio ser. IV. Quem gosta de arder ininterruptamente por seus desejos de Tântalo, que o faça até a chama consumi-lo por completo. V. Quem prefere ser como o insensato que edificou sua casa sobre a areia, e não sobre a rocha, que construa até que venha a chuva, o rio transborde, soprem os ventos e, fustigando seu edifício de suntuosidade inútil, derrubem-no numa grande queda (Mt 7:27).

8. Há alguém que queira ouvir? Não há nenhuma pessoa sensata e sábia que queira evitar o desastre?

Toda a descendência de Adão é tão insensata e nada mais faz do que repetir a irreflexão e a queda de Eva. A bondade de Deus não faz mais do que corrigir a irreflexão e a queda da humanidade. Satanás, por seu lado, não se cansa de corromper de novo o que Deus havia corrigido. E assim prossegue esse vai e vem, sem parar. Todos os acontecimentos mundiais não passam de um combate da divina sabedoria contra a tolice humana e a astúcia de Satanás; uma disputa da bondade divina contra a maldade humana; a luta do poder do Criador contra a obstinada resistência da criatura. Mas a glória do triunfo caberá, necessariamente, a Deus, criador e restaurador, e não à criatura renitente. Os contínuos testemunhos das profecias divinas anunciaram a completa destruição, ainda antes do fim do mundo, da grande Babilônia – que não é outra coisa senão a confusão geral que reina no mundo inteiro. Por isso, teremos de obedecer à ordem divina: "Sai dela, povo meu, para que não sejas participante dos seus pecados, e para que não incorras nas suas pragas" (Ap 18:4).

9. O mundo, porém, tornou-se surdo à voz de Deus e de seus servos, dos profetas e apóstolos. A voz dos ministros da Igreja

perdeu a força. Os próprios servidores chamados a exercer seus cargos tiram a força dos meios e caminhos extraordinários empregados por Deus, atribuindo a causas naturais os sinais e milagres. Se eles chamam pessoas extraordinariamente iluminadas de fanáticos idiotas, se atribuem as aparições de anjos a estados de êxtase e a voz de Deus que alguém ouve dizem ser de Satanás, o que nos resta então?

Os homens podem reagir de três maneiras: I. Silêncio e espanto (Am 5:13; Jr 2:12); II. Suspiros e gemidos. III. Esperar pelo juízo de Deus que chegará como o dilúvio, e talvez já esteja chegando. Quem reconhecer isso, e quiser ser instruído por Deus sobre as coisas que ocorrem e ocorrerão, leia o capítulo 24 de Isaías e os capítulos de 16 a 18 do Apocalipse, e fuja, fuja o mais rápido possível!

10. Para onde deve-se fugir?

Antes do dilúvio não houve outro refúgio senão a Arca de Noé. Quem não conseguiu alcançá-la, morreu inevitavelmente. Do fogo que caiu sobre Sodoma se podia escapar fugindo para Segor, um lugar próximo, mas que também acabaria sendo destruído. Ou então refugiar-se na caverna de uma montanha, porém ali estava Satanás, com sua tentação. Quem escapou para a montanha ao norte de Nínive foi vítima dos vermes ou do sol abrasador.

Para onde, então? Não há onde refugiar-se da ira de Deus, a não ser em um Deus aplacado. Dos pecados apenas há refúgio na penitência; das voltas no círculo somente se escapa na quietude do centro; e do redemoinho do mundo, somente há refúgio em Cristo.

Refugiar-se em Cristo, como Maria, que escolheu a melhor parte, e sentou-se aos seus pés, para mais tarde seguir Cristo a Jerusalém, até a cruz e o sepulcro, não o abandonando até sua ressurreição jubilosa.

No próximo capítulo, pretendo relatar o que decidi fazer, diante dessa situação, mesmo na minha idade.

Capítulo X

Declaração na qual o autor admite haver-se tornado natural para ele a aplicação da eterna regra de Cristo sobre o único necessário, bem como entregar a si mesmo e todas as coisas nas mãos de Deus.

1. Mencionei os labirintos comuns ao gênero humano. Devo ainda mencionar os meus próprios? Eu deixaria o silêncio encobri-los, se não soubesse que houve testemunhas de minhas ações e paixões, nem temesse, no fundo, que os erros não retificados fossem motivo de escândalo.

Sou grato a Deus por conceder-me um coração que anseia pelo bem geral da humanidade, fazer de mim uma figura pública e proporcionar-me ocasiões propícias para agir em diversos assuntos. Tive várias vivências e experiências, mas também fiz coisas que provocaram censura. Nesta época do meu derradeiro renascimento, decidi que deveriam ser reveladas, para que todos os que viram em mim um espelho de dedicação e desejo de saber, ou ainda me considerem como tal, possam compreender que, mesmo com as mais sinceras intenções, é possível errar. Que essas pessoas aprendam a evitar erros com a minha advertência, ou a corrigi-los com meu exemplo. Porque cada fiel servidor de Cristo deve fazer suas as palavras do Apóstolo: "Porque, se enlouquecemos, é para Deus; e, se conservamos o juízo, é para vós" (II Co 5:13). Se cometeu alguma loucura, queira confessar seu erro a Deus. E, se encontrou alguma possibilidade de esclarecer a situação, que o faça em benefício de seu próximo.

2. Agradeço, portanto, ao meu Deus, por querer que eu fosse, durante toda a minha vida, um homem de desejos ardentes.

Embora tenha permitido que, por isso, eu me enredasse em diversos labirintos, concedeu-me escapar da maioria, e me conduz pessoalmente pela mão ao esperado descanso bem-aventurado.

O anelo do bem, como quer que desperte um dia no coração de um homem, sempre é um riacho que brota de Deus, a fonte do bem. Ele é sempre bom em si mesmo e conduz a um bom fim, se soubermos utilizá-lo. O defeito está em nós, se não soubermos subir o riacho para encontrar a sua fonte, nem seguir a corrente e confluir suas águas em um rio para chegar ao mar, onde se encontra plenitude e saciedade com tudo que é o bem.

Não obstante, devemos gratidão à divina bondade que nos fez percorrer todos os meandros dos nossos labirintos para, finalmente, por meio dos fios ocultos de sua sabedoria (Ariadne), conduzir-nos a ele, a própria fonte e o oceano de todo o bem. Muito me alegra que essas coisas também tenham acontecido a mim. Após infinitos desejos e esperanças de melhorar o mundo – tantos desejos, que até o dia de hoje não saberia dizer seu número – sinto que ele me conduziu à meta de toda a minha aspiração. Ao passar em revista minha vida, reconheço que até o momento toda ela não foi mais do que as idas e vindas de Marta, seja a serviço do Senhor, por amor a ele e seus discípulos, ou pela constante alternância entre atividade febril e quietude. Agora, porém, é minha firme intenção sentar-me, com Maria, aos pés do Senhor e exclamar em júbilo, como Davi: Bom é estar sempre junto a Deus (Sl 73:28).

3. Eu disse que todas as idas e vindas de minha vida, até o dia de hoje, a serviço do Senhor e de seus discípulos, foram como as de Marta, motivadas pelo amor. Porque, com efeito, não sei de outra maneira. Se não, amaldiçoada seja cada hora, cada

instante investido de outro modo em qualquer atividade, incluindo aquele que os outros taxaram de arrogância e temeridade. Meu trabalho didático foi motivado pelo desejo de libertar as escolas e a juventude de labirintos muito fatigantes, e realizado durante anos a fio. No entanto, houve quem o considerasse incompatível com o exercício da Teologia. E, no entanto, Cristo disse a seu amado Pedro: "Apascenta minhas ovelhas" e "apascenta meus cordeiros", ao encarregá-lo de ambas as coisas (Jo 21:15 etc.). Por mim, dou graças eternas a Cristo, meu amor eterno, por inspirar à minha alma este amor por seus cordeiros e haver-me concedido levar adiante a obra até o ponto a que chegou, como pode-se ver no Volume IV da *Didática magna*, especialmente no quinto, sétimo e oitavo tratados, cujos títulos são: V Saída dos labirintos da escola e dos métodos de ensino construídos mecanicamente, para não se deter sem necessidade no mesmo ponto, mas sim avançar. VII A imprensa viva; isto é, a arte de imprimir a sabedoria de forma concisa, mas ao mesmo tempo rica e elegante, não no papel, mas na inteligência. VIII O Paraíso restaurado da Igreja: isto é, o regime ótimo das escolas, planejado de acordo com a ideia originária da escola do Paraíso. E mesmo que tais propostas não tenham sido ouvidas até hoje e as escolas continuem perdidas em seus labirintos, creio e espero em Deus que acabarão por reconhecer sua utilidade quando o inverno da Igreja passar, as chuvas cessarem, as flores desabrocharem em nossos campos, e quando chegar o tempo da poda... (Ct 2:11–12). Deus dará a seu rebanho pastores segundo seu coração, que não apascentem apenas a si mesmos, como também o rebanho do Senhor. E a inveja que sempre reina entre os vivos encontrará seu descanso após a morte.

4. Outro labirinto meu, longo e fatigante, foi meu empenho em favor da paz. Muito me esforcei com o objetivo de

reconciliar, se fosse do agrado de Deus, os cristãos desunidos em questões de fé, de maneira tão diversa, perniciosa e absolutamente funesta. Desses trabalhos, nada foi publicado até agora, mas talvez isso ainda venha a acontecer. Não se publicou por causa da irredutível oposição de algumas pessoas. Meus amigos mais próximos consideravam que não seria oportuno enfrentar esse ódio implacável. Mas isso virá à tona, porque afinal terão de obedecer mais a Deus do que aos homens, e deverão temer mais a Deus do que aos homens. Podemos comparar nosso tempo com o de Elias no Horebe, quando não se atrevia a sair da sua caverna, ao ver passar diante do Senhor uma grande tempestade que removia montanhas e pulverizava rochas. Ele sentiu o terremoto e viu o fogo, mas o Senhor não veio. Virá, porém, o tempo em que, depois de ouvir o murmúrio de uma brisa suave, Elias poderá sair e ouvir a voz de Deus, e falar de novo com Deus e com seu povo (1 Rs 19). Agora, cada um considera bonita a sua Babilônia, tomando-a pela própria Jerusalém, que não se inclina diante de ninguém, pelo contrário, todos cedem perante ela.

5. Este enfrentamento obstinado entre os cristãos, e o esforço até hoje frustrado de diversas pessoas para conseguir a reconciliação, fez-me pensar e conceber a esperança de que o todo poderia curar-se mais facilmente do que a parte. Conviria administrar o remédio universal ao corpo enfermo da humanidade como um todo, muito mais do que aplicar um emplastro unicamente na cabeça, no pé ou nas costas. Isto é, a meta de meus desejos passou a ser a reconciliação do gênero humano – seja como for o tipo do seu enfrentamento, umas vezes com as coisas, outras consigo mesmo, e outras com Deus – e ficar atento para captar os meios e as maneiras que permitam levá-la a cabo. Deus auspiciou meus esforços há 30 anos. Sabedores disso, alguns amigos decidiram publicar,

embora eu o desaconselhasse, parte do meu trabalho sob o título *Prodromus conaminis pansophici* (Precursor de um esforço pansófico) com a finalidade de sondar a opinião dos eruditos sobre um projeto de tal envergadura. A maioria foi favorável; alguns, no entanto, teceram considerações absurdas, opinando que se estava misturando o céu com a terra, ou interpretaram como uma grande audácia e temeridade que alguém se atravesse, sozinho, a dar conselhos ao mundo inteiro. Esta crítica me obrigou a guardar meus pensamentos até o dia de hoje. Embora muitos soubessem das minhas intenções e que estava escrevendo esta obra, quase ninguém sabe se o livro foi concluído. Segundo ouço dizer, alguns acreditam que eu mesmo considero esse trabalho sem perspectiva, e já não perguntam sobre isso. Apenas poucos ainda esperam por algo, em silêncio. Esperam inutilmente? Deus o sabe. Não há razão para esperar nem desesperar mais, agora que me encontro à beira da tumba. Porque para qualquer coisa, nós, por nós mesmos, nunca temos suficiente poder, mas para Deus nada é impossível.

6. Agora gostaria apenas de dizer que não se deve falar de presunção quando alguém, confiando em uma boa causa e em Deus, atreve-se a dirigir-se ao mundo inteiro e advertir a humanidade a comportar-se de forma razoável.

I. Em primeiro lugar, porque estamos todos juntos no grande teatro do mundo. O que é representado ali, diz respeito a todos, pois o sol lhes dá a luz, e Deus, os olhos.
II. Porque todo o gênero humano provém de uma única linhagem, um só sangue, uma única família, uma única casa. Logo, o direito que assiste uma parte a socorrer o todo a que pertence é o mesmo que leva um membro do corpo a socorrer os outros, e um familiar auxiliar outros, ou mesmo a família

inteira. Por esse mesmo direito, nós, coparticipantes da natureza humana, devemos socorrer nossos irmãos.

III. Também porque desde o início da criação Deus ordenou ao homem cuidar de seu próximo. Não há nada em que toda a Sagrada Escritura insista tanto (depois do amor e obediência devidos ao Criador), como no amor ao próximo e no mútuo cuidado, serviço e ajuda de uns aos outros.

IV. Exatamente isso é o que dita a cada um o bom senso, como os atos dos sábios o demonstram. Sócrates, por exemplo, preferiu morrer do que deixar de ensinar a virtude. E Sêneca disse: "Se me fosse concedida a sabedoria sob a condição de guardá-la somente para mim, sem poder comunicá-la a outrem, não a quereria". E, em geral, quanto mais piedoso alguém for, tanto mais desejará e procurará ser útil a um grande número de pessoas.

V. Tudo o que o Filho de Deus, enviado do céu para reunir o que estava perdido, pensou, falou e fez, foi pela salvação do mundo. Ele enviou mensageiros para anunciar a salvação não apenas a determinadas pessoas, mas ao mundo inteiro (Mc 16:15; Lc 24:47), dizendo-lhes que não sussurrassem ao ouvido, mas que gritassem aos quatro ventos (Mt 10:27).

VI. E assim fizeram os apóstolos, de modo que sua voz se propagou por toda a terra, e suas palavras chegaram até os confins do mundo (Rm 10:18). Eles se alegraram por pregar o evangelho nos lugares onde o nome de Cristo jamais fora ouvido (Rm 15:20), instruindo todos os homens em toda a sabedoria, para tornar todo homem perfeito em Cristo (Cl 1:28).

VII. Também foi prometido que a realização plena acontecerá no fim do mundo, se não for antes (Zc 14:7), para que nos últimos dias se compreendam os desígnios do Senhor (Jr 30:24). Não se deve, portanto, chamar de desatinado quem se atreve a recordar essas coisas com seriedade. Pelo contrário, devemos considerar felizes nossos tempos, porque neles não faltam pessoas que se ocupem, em nome de Deus, com esses assuntos. Elas possuem a firme confiança de que a destruição da Babilônia está próxima, e que logo descerá dos céus o anjo cuja glória iluminará a terra (Ap 18:1).

7. Depois disso, a vontade de Deus lançou-me em outro labirinto inusitado, quando publiquei as revelações divinas feitas em nosso século sob os títulos *Lux in tenebris*[1] e *Lux e tenebris*.[2] Essa questão representou muito trabalho e cansaço, assim como trouxe muita agitação, inveja e situações perigosas. Por um lado, zombarias pela minha credulidade e, por outro lado, ameaçavam-me por minhas dúvidas e minha oposição. Vi morrer os que se opunham obstinadamente a esta obra, mas vi também como eram afastados os que a aprovavam, de modo que não é fácil achar a saída deste labirinto, com base somente na aparência externa. Que devo fazer? Não vejo alternativa, a não ser confiar este assunto a Deus. Para mim teria sido suficiente, como para Jeremias, anunciar as pragas que cairiam sobre a Babilônia, atar uma pedra ao livro com a sua descrição e arremessá-lo no Eufrates (Jr 51:63). Se alguma profecia não se cumprir, não me aborrecerei, tendo em vista que isso não caiu bem a Jonas (Jn 4). Talvez Deus tenha, às vezes, motivos para mudar suas decisões. Talvez Deus queira mostrar que sem ele os homens nada conseguem fazer, para, em seguida, mostrar o que ele é capaz de fazer sem os homens, ou por intermédio destes, quando eles finalmente se curvam à sua vontade. O ser humano pode contradizer os servos de Deus, suas palavras e obras, se negar o antigo direito de Deus de agir somente depois de revelar seu segredo aos profetas (Am 3:7). Quanto a mim, permitam-me emudecer,

[1] Luz nas trevas.

[2] Luz vinda das trevas ou Luz fora das trevas.

como Davi, e não abrir a boca cada vez que vejo Deus fazer ou ouço dizer algo que não entendo (Sl 39:10).

8. Então, o que devo fazer depois de tantos labirintos e pedras de Sísifo, com os quais me desgastei durante toda a minha vida? Devo dizer como Elias, "Já basta, ó Senhor; toma agora a minha vida, pois não sou melhor do que meus pais" (1 Rs 19:4)? Ou melhor, como Davi: "Agora também, quando estou velho e de cabelos brancos, não me desampares, ó Deus, até que tenha anunciado a tua força a esta geração, e o teu poder a todos os vindouros" (Sl 71:18). Nem uma coisa nem outra, para que eu não seja perturbado pelo desejo por uma delas. Deixarei a Deus a decisão sobre minha vida e minha morte, meu trabalho e meu descanso. De olhos fechados eu o seguirei por onde me leve, humilde e confiante, rogando como Davi: "Guiar-me-ás com o teu conselho, e depois me receberás na glória" (Sl 73:24). E se algo deve dispor-se segundo meu critério, não terei outro, a não ser o que foi dado por Cristo, isto é, satisfazer-me com o único necessário e descartar, ou melhor, lançar ao fogo todo o desnecessário, seguindo o heroico exemplo de Alexandre, o Grande.

Plutarco escreve que Alexandre, em seu caminho para a Índia, ao ver que seu exército se tornara lento e indolente pelo peso das riquezas que saqueara dos persas, ateou fogo aos seus próprios carros, e aos de seus amigos. Seguindo seu exemplo, os soldados distribuíram o que era aproveitável entre quem precisava, e queimaram o resto. Assim, tanto eles como seus superiores recuperaram o vigor e a prontidão para o combate. Quanto a mim, por que não seguir esse exemplo agora? Não é necessário deixar o mundo inteiro atrás de si, quando se deseja ir para a Índia celestial? O que acumulei de bens terrenos, abandonarei. Disso tudo, repartirei, de bom grado, o útil e necessário entre os vizinhos necessitados. O restante, porém, que iria se converter em carga, tanto para eles como para mim, prefiro queimar, antes de ter de arrastar comigo.

9. Caso possa falar de algum aspecto mais pessoal sobre este último desejo e propósito de minha alma, eu o farei: Em vez de um palácio, contentar-me-ei com uma pequena cabana, se houver e, se não tiver algo próprio onde possa reclinar a cabeça, encontrarei um repouso, a exemplo do meu Senhor, se alguém acolher-me sob seu teto. Ou então ficarei sob o teto celestial, como ele, em suas últimas noites, no monte das Oliveiras, até que os anjos me levem, como fizeram com o pobre Lázaro. Em lugar de suntuosas vestimentas, qualquer roupa tosca bastar-me-á, como a de João Batista. Em vez de uma mesa abundante, pão e água me satisfarão. Se, além disso, vier mais um bocado, louvarei a bondade divina. O livro tríplice de Deus será toda a minha biblioteca.[3] Minha filosofia será contemplar, como Davi, os céus e todas as demais obras das mãos de Deus, e deixar-me arrebatar de admiração, porque Deus, Senhor do universo, também se digna a considerar um verme como eu (Sl 8 e 104). Minha medicina será uma dieta muito leve, intercalada, às vezes, de jejuns. Minha jurisprudência será fazer aos outros o mesmo que gostaria que fizessem a mim, ou não fazer o que não quero que façam a mim. Caso perguntem sobre minha teologia, tomarei a Bíblia, como Tomás de Aquino[4] em seu leito de morte, pois eu também devo morrer em breve e exclamarei de todo o coração: "Creio no que está escrito neste livro". Caso seja-me solicitada uma profissão de fé mais precisa, testemunharei que é a fé apostólica, pois não conheço nenhum instrumento que, de

[3] Ver p. 86

[4] Tomás de Aquino (1225?–1274). Padre dominicano, filósofo e teólogo italiano. Um dos maiores escolásticos da Idade Média.

forma tão breve e compacta, resuma o que é decisivo, acabando assim com todas as controvérsias e as infinitas discussões labirínticas. Se me perguntarem quais as fórmulas especiais de oração que utilizo, indicarei a oração do Senhor, o Pai-Nosso, pois a melhor chave para abrir o coração do Pai é a oração do Filho unigênito que provém do seio do Pai. Se me perguntarem pelas minhas normas de vida, indicarei o Decálogo, porque ninguém pode expressar melhor o que agrada a Deus do que o próprio Deus. Caso me perguntem pelo estado da minha consciência, responderei que suspeito de tudo a meu respeito. Confesso que não me acho capaz de fazer sempre o que é correto e, por isso, exclamo com humildade: sou um servo inútil (Lc 17:10); "Sê generoso para comigo, e tudo te pagarei" (Mt 18:26).

10. O que dirão disto os admiradores da sabedoria humana? Será que rirão do velho delirante que desce do auge de sua autoestima aos degraus mais baixos do esvaziamento de si mesmo? Pois que riam, se lhes der prazer. Meu coração também rirá por ter escapado às complicações da vida. "Cheguei ao porto, adeus, destino e fortuna, não mais preciso de vós!" – disse o poeta. Mas eu digo: "Encontrei Cristo, adeus a todos vós, falsos deuses!"

Cristo é tudo para mim. Prefiro sentar-me a seus pés do que em qualquer trono do mundo. Sua humildade tem mais valor do que toda a grandeza. Parece que encontrei o céu sob o céu, pois reconheço as pegadas deste guia celestial mais claramente do que nunca. Segui-las imediatamente e não desviar delas será para mim o caminho direto para o céu.

Toda minha vida foi uma peregrinação. Não tive uma pátria, mudando constantemente, sem nunca ter domicílio fixo em lugar algum. Mas já avisto a pátria celestial, até o limiar da qual conduziu-me Cristo, meu guia, minha luz. Ele me precedeu para preparar-me um lugar na casa de seu pai, onde há muitas moradas; e já está pronto para vir buscar-me, para que eu esteja onde ele está. Assim sendo, isto é para mim o único necessário: "que, esquecendo-me das coisas que atrás ficam, e avançando para as que estão diante de mim, prossigo para o alvo, pelo prêmio da soberana vocação de Deus em Cristo Jesus" (Fl 3:13–14).

11. Graças te dou, Senhor Jesus, em quem minha fé encontra o início e a realização, porque para mim, viajante imprudente, apesar de ter-me desviado mil vezes do objetivo da minha vida, e por terem me detido mil vezes obstáculos e questões menores, atraíste-me e conduziste-me às portas da cidade celestial prometida. Agora vejo que devo apenas cruzar ainda o rio Jordão da morte para logo encontrar-me na majestade da minha pátria bem-aventurada. Louvo reiteradamente tua santíssima providência, ó Salvador meu, porque não me deste uma pátria e um domicílio na terra, mas esta foi somente um lugar de exílio e peregrinação. Por isso, digo como Davi: "sou um estrangeiro contigo e um peregrino" (Sl 39:13), mas não como Jacó: "Poucos e maus foram os dias dos anos de minha vida, e não chegaram aos dias dos anos da vida de meus pais" (Gn 47:9). Porque fizeste que os dias da minha vida superassem os de meu pai e os de meu avô, e os de milhares de companheiros de exílio que, durante estes quarenta anos, encontraram a morte no deserto de nosso desterro. Com que finalidade, tu o sabes, Senhor; entrego-me consolado em tuas mãos. Muitas vezes me enviaste, como a Elias quando percorria o deserto, algum anjo com um bocado de pão e um gole d'água, para que não perecesse de fome e sede. Também me preservaste dessa tolice tão comum entre os mortais, que tomam qualquer coisa acessória como o bem essencial, o caminho como meta, o albergue como domicílio, o movimento

como descanso, a peregrinação como pátria. Em compensação, fizeste o melhor para mim, ao obrigar-me a chegar até teu monte Horebe. Bendito seja teu nome!

12. Se algumas vezes me comparei a um viajante tolo e agi pensando apenas na vida terrena, considerando essencial algo que era secundário, isso agora acabou! No fim de minha vida, disponho-me a fazer como o bom comerciante que lida apenas com pérolas; "e, encontrando uma de grande valor, foi, vendeu tudo e comprou-a" (Mt 13:45–46). Somente tu, Senhor Jesus, és para mim essa pérola preciosa, o único bem verdadeiro, o único necessário. Buscar-te-ei e comprar-te-ei, depois de vender tudo o que tenho e o que não tenho. O que o mundo oferece e considera lucro, "considero como escória, para que possa ganhar a Cristo" (Fl 3:8). O último ato de minha vida será aprender a morrer nesta vida, para que possa nascer na vida futura.

13. Senhor Jesus, se ainda me resta fazer algo na terra, concede-me, todavia, realizá-lo. E depois de fazê-lo, concede-me poder entoar aquele canto alegre, como o afortunado Simão: *agora deixas teu servo em liberdade*. Mas, se quiseres antecipar o fim dos meus trabalhos pondo fim à minha vida, hei de contentar-me com isso e, ao morrer, farei minhas as palavras do filósofo pagão: "Nada tenho a preparar agora, exceto eu mesmo". Contanto que não seja arrebatado desprevenido, como acontece com a maioria dos homens. Mas cantarei tua misericórdia eternamente, pois não entregarás minha alma à morte, e "far-me-ás ver a vereda da vida" (Sl 16:11).

14. E vós, cristãos, alegrai-vos de serdes preservados desta maneira! E, ao escutar a voz do vosso guia celestial, que ainda ressoa: "Vinde a mim, todos os que estais cansados e oprimidos,

e eu vos aliviarei" (Mt 11:28), respondei em unanimidade: Nós viremos! Olha para nós, acolhe-nos, reanima-nos! Socorre os que sofrem, alivia a carga dos que estão fatigados, reconforta os que estão esgotados! Conduze-nos dos despenhadeiros da vida até um fundamento sólido, para que o inimigo não encontre onde precipitar-nos, e eleva-nos a ti, por meio de tua graça e bondade. Preferimos humildemente ser guardiães em tua casa, do que viver nos palácios dos ímpios. Necessitamos, Senhor, um guia perpétuo em nossos eternos labirintos; um ajudante perpétuo no eterno transporte de nossas pedras; e de alguém que nos alimente, em nossa fome e sede eternas. E visto reconhecermos que é inútil esperar algo deste mundo, apesar de suas promessas, pois ele não pode dar o que não possui, logo dirigimos os olhos apenas a ti, nossa última esperança! Entre os homens, não há ninguém que não esteja perdido, que não se canse, que não esteja faminto, e isso de forma ininterrupta. Ó verdade eterna, acode os que perderam o caminho! Ó eterna virtude, apoia os que vacilam! Ó eterna fonte do bem, sacia-nos com o único bem! E, porque socorres, sustentas e sacias a mim, o mais ínfimo de teus servos, exulto de alegria em ti, e celebrarei teu nome eternamente.

15. E esta confissão, que faço e confirmo na presença de Deus, é ao mesmo tempo minha última vontade, meu testamento, já que retornei, nos últimos dias de minha vida, ao único necessário (Is 38:1). Vinde todos, pois, filhos, filhas e netos meus, vinde escutar a voz de vosso pai, que vos leva pela mão ao Pai dos pais (antes que ele se junte a seus pais). Não vos deixo outra herança além da única coisa necessária: que temais a Deus e observeis seus mandamentos, pois isto é tudo para os homens (Ec 12:13). Se assim viveres, Deus será vossa herança, vosso escudo e vosso galardão (Dt 18, 2).

16. O mesmo digo a vós, irmãos meus, filhos que restais de minha Igreja dispersa: Amai o Senhor e servi-o de todo o coração; não vos envergonheis de sua cruz, que até hoje levastes sobre os ombros e levareis até o final, se fordes sábios! Recomendo-vos, enfaticamente, a herança de Cristo, a pobreza e a cruz, que serão para vós o caminho da glória e do tesouro eterno, se tiverdes a mente de Cristo e o valor de perseverar, como ele, até o final (1 Co 2:16; Lc 22, 28). Tu, Senhor, que um dia disseste a teu amado Pedro: "Já que te converteste, fortifica teus irmãos", dize também agora a mim, teu servo: "Já que te converteste do desnecessário ao único necessário, transmite esse ensinamento a teus irmãos". Chamo irmãos a todos os que invocam o nome de Cristo, e chamo meus irmãos a todos os que participam do mesmo sangue, todos os descendentes de Adão que habitam sobre a face da terra.

17. Recomendo a mesma sabedoria de Cristo, o único necessário, também ao meu povo da Morávia, com seus vizinhos da Boêmia, Silésia, Polônia e Hungria, em cujas terras fui acolhido durante meu exílio e de cuja bondade pude desfrutar. Que Deus vos pague com o único necessário: a sabedoria, para que façais bom uso do que vossas benditas terras vos proporcionam em abundância, mas sem cometer abusos. "O luxo foi a perdição dos boêmios", disse o sábio rei de Aquilônia, que detestava o luxo. Em breve, o mesmo poderá ser dito de ti, Polônia, se não adotares depressa o único necessário, a sobriedade. Porque o princípio dos pecados de Sodoma foi "soberba, fartura de pão, e abundância de ociosidade" (Ez 16:49).

18. O último local que me deu hospitalidade durante doze anos foi a capital da Holanda, centro comercial do mundo, onde tive a ocasião de reconhecer, melhor do que nunca em minha vida, de quantas coisas podemos prescindir na terra,

e chegar a estas reflexões sobre o único necessário. Assim, em meio aos mil labirintos da vida, nasceu em mim o ardente desejo de escapar deles; de não desgastar-me todos os dias com trabalhos vãos como o de Sísifo, e em vez de continuar dando voltas às minhas próprias dificuldades, organizar meus negócios e concluí-los. Em meio a um exército insaciável de Tântalos famintos e sedentos, aprendi, pela graça de Deus, a não padecer de fome e sede. Isso será para mim, até o fim dos meus dias, meu maior tesouro, minha maior alegria.

Lembro-me do início, de quando ali cheguei e fui acolhido com demonstrações de honra pelo conselho da cidade, que alimentava expectativas em relação à minha docência. Mas prefiro seguir o exemplo do meu Senhor, que nas bodas de Caná guardou o melhor vinho para o final, de modo que meus últimos atos sejam melhores do que os esperados logo no início. Espero que não faltem especialistas capazes de emitir um parecer justo sobre a água convertida em vinho. Que julgamento seria esse? O do apóstolo: "Mas é grande ganho a piedade com contentamento. Porque nada trouxemos para este mundo, e manifesto é que nada podemos levar dele. Tendo, porém, sustento, e com que nos cobrirmos, estejamos com isso contentes. Mas os que querem ser ricos caem em tentação e em laço, e em muitas concupiscências loucas e nocivas, que submergem os homens na perdição e ruína" (1 Tm 6:6–9).

Isso talvez seja o que a Escritura descreve como Babilônia, tanto a Babilônia mística, cujos habitantes estão espalhados por todo o mundo, como a antiga cidade situada na Caldeia. Esta, depois de conquistar o mundo com seu comércio, o que lhe trouxe fama e poder, sucumbiu em meio à opulência e às orgias, ao excesso de coisas supérfluas (Ap 18:11–20). Qualquer homem, sociedade, estado ou país que se dedique exclusivamente aos assuntos terrestres acaba esquecendo o bem supremo, que vem do céu e é eterno, e de Deus, a própria fonte de todo o bem. Por isso, é destruído, afunda na morte e na perdição. "Um pouco de vinho fortalece", diz o sábio hebreu Siraque, "mas tomado sem medida, converte-se em veneno e morte, e já se afogaram mais pessoas nele do que na água".

19. Senhor Jesus Cristo, mestre sem igual da sabedoria, tu que nos deste, por toda a eternidade, a regra do único necessário, peço-te duas coisas, "não mas negues, antes que morra" (Pv 30:7): que não me falte o necessário para uma vida piedosa e uma morte bem-aventurada. E afasta de mim o que não serve para isso e não conduz a esse objetivo, para que não seja mais uma carga para mim.

20. Dá-me também a força para que possa mostrar a outros o único necessário! Porque são tolos os que desprezam o que precisam e entregam-se completamente ao desnecessário! Enquanto tu convidas a todos os sedentos a beber da água viva, eles fazem cisternas rachadas que não retêm a água (Is 55:1; Jr 2:13). Enquanto tu ofereces vinho e leite gratuitamente, sem preço ou dinheiro por intermediários, eles gastam seu ouro e prata em coisas que não saciam (Is 55:2), mas que trazem a enfermidade, a morte, a ruína, o inferno e a perdição. Tem piedade deles, tu, que tens compaixão de todos, por tua bondade! Amém.

Capítulo XI

CONCLUSÃO

Qual é a melhor maneira de empregar a regra de Cristo?

Uma última página em branco convida-me a acrescentar algumas palavras sobre o melhor uso do mandamento de Cristo, que consiste em não contentar-se com poucas coisas ou apenas uma coisa fora de si, mas unicamente consigo mesmo e com seus bens interiores, que não podem ser arrebatados. Acerca disto, Cristo diz: "Porque, que aproveita ao homem granjear o mundo todo, perdendo-se ou prejudicando-se a si mesmo?" (Lc 9:25). Também poderíamos fazer a pergunta inversa: O que o prejudicará, se tudo perder, mas ganhar a si mesmo? Nada, pois quem possui sua alma, tem tudo. Isso me faz lembrar a célebre frase de Bias de Priene,[1] ao perder sua pátria. Enquanto outros fugiam, carregando seus bens mais valiosos, ao ser indagado por que ele não queria salvar nada e era o único a não levar consigo seus pertences, respondeu: "O que me pertence eu realmente estou levando comigo". Na verdade, levava no coração, não sobre os ombros. Seus bens eram visíveis para o espírito, não para os olhos, como diz Valério Máximo.[2]

Se consideramos esta atitude admirável, mil vezes mais deveríamos admirar e louvar o Filho de Deus que, feito

[1] Filósofo do século VI a.C, um dos sete sábios da Grécia.

[2] Historiador romano do século I d.C.

homem por nossa causa, nada quis possuir dos bens terrestres. Pouco antes de morrer, tiraram-lhe as vestes e repartiram-nas bem à sua frente. Finalmente, não teve sequer uma sepultura própria, apesar de ser o Senhor do céu e da terra. Antes de dar o derradeiro exemplo, costumava instruir os seus: "Buscai primeiro o reino de Deus, e a sua justiça, e todas estas coisas vos serão acrescentadas" (Mt 6:33). Quando um jovem rico certa vez veio a ele e perguntou-lhe a respeito do caminho da salvação, o Senhor indicou-lhe a senda dos mandamentos divinos. O jovem respondeu que sempre os observara, e quis saber se ainda lhe faltava algo. Eis a resposta de Jesus: "Se queres ser perfeito, vai, vende tudo o que tens e dá aos pobres, e terás um tesouro no céu; e vem, e segue-me" (Mt 19:21). É também nesse sentido que os cristãos devem compreender as palavras de Cristo que podem parecer paradoxais: "Bem-aventurados vós, os pobres, porque vosso é o reino de Deus. Bem-aventurados vós, que agora tendes fome, porque sereis fartos. Bem-aventurados vós, que agora chorais, porque haveis de rir" (Lc 6:20–21). E as seguintes: "Mas ai de vós, ricos! Porque já tendes a vossa consolação. Ai de vós, os que estais fartos, porque tereis fome. Ai de vós, os que agora rides, porque vos lamentareis e chorareis". (Lc 6: 24–25).

Da mesma forma ensinavam os apóstolos e advertiam os cristãos para que buscassem outra felicidade, outra riqueza e outra saciedade, bem diferentes das que o mundo conhecia e valorizava. "[...] como enganadores, e sendo verdadeiros; como desconhecidos, mas sendo bem conhecidos; como morrendo e eis que vivemos; [...] como contristados, mas sempre alegres; como pobres, mas enriquecendo a muitos; como nada tendo, e possuindo tudo" (II Co 6:8–10). Quem compreende tais palavras aparentemente paradoxais, há de compreender o que é verdadeiramente necessário e escolher a melhor parte, a que não lhe poderá ser arrebatada. Esta sabedoria espiritual assim pode ser resumida:

Não vos sobrecarregueis com coisas de que não preciseis realmente para viver; contentai-vos com o pouco que é útil para vossa comodidade e louvai a Deus. Caso vos falte toda a comodidade, sabei contentar-vos então com o estritamente necessário. Se fordes privados até disso, tratai de manter-vos. Se isto também não for possível, renunciai a vós mesmos, mas cuidai para não perder a Deus. Quem possui a Deus pode prescindir de tudo. Porque ao manter-se em Deus, ele possui o bem supremo e a vida eterna para todo o sempre. Isso é tudo o que se pode desejar, o objetivo e o fim.